介護支援専門員のための実務スタートブック

一般社団法人日本介護支援専門員協会 編集

中央法規

[　はじめに　]

　今日は勤務初日。あなたは緊張して事務所に出勤します。そして、管理者が職場のメンバーにあなたを紹介します。その後、自分の席について荷物を整理していると、次々と電話がかかってきます。周りの職員は、丁寧に電話応対しています。ある職員は利用者の話に耳を傾け、ある職員はほかの専門職と支援のあり方について話をしています。職員は電話を終えるとかばんにいくつかの書類を詰め、訪問に出かけていきます。

　あなたは、その様子を目にして「私も早く介護支援専門員として働くことができるようになりたい」と思うと同時に、「私にできるのだろうか」「何から取り組んでいけばよいのだろうか」と不安な気持ちになるかもしれません。

　本書は、晴れて介護支援専門員になったあなたが、専門職として正しい方向を目指し、適切な技能を身につけることができるようになるための1冊です。

　執筆者は、各現場で利用者とともに、本人の自立と自己実現のために日々実務に取り組み多くの経験を積んできた方々です。介護支援専門員のキャリアをスタートしたあなたに向けて、現場の目線で、現場の空気感を活かして、専門職が身につけておくべき事柄が業務の流れに沿って書かれています。必ずやあなたの実践の手助けになるものと思います。

　あなたの支援を、利用者が、家族が、そして社会が待っています。

　さあ、始めましょう。

2023年4月

　　　　　　　　　　　　　　　　一般社団法人日本介護支援専門員協会

はじめに

本書の活用について

第4章 　　**法令に定められている居宅介護支援のポイント**

第5章　居宅介護支援にかかわる記録・書類

第6章 **"こんな場合はどうする?"　介護支援専門員業務のQ&A**

第1節 **利用者宅での場面** ································ 118

第2節 **事業所内での場面** ································ 134

第3節 **医療連携の場面** ································ 136

本書の特徴

本書は、新人の介護支援専門員（ケアマネジャー）を対象とする業務の手引書です。

初めてその業務に携わることになった介護支援専門員に、社会人としての基本的なマナーやケアマネジメント業務における留意点、OJT（On-the-Job Training）を受けるにあたっての心構えや姿勢、基礎的な知識などをわかりやすく解説します。

各章の執筆者は、実務経験が豊富な現任の介護支援専門員等であり、法定研修等の介護支援専門員研修講師として活躍しています。執筆者自らの経験を振り返り、実務で知ってほしい基本的な知識や技術を具体的に解説しています。また、新人の介護支援専門員が自ら考え行動ができるようになるために行動規範となる根拠についてQ＆Aで事例を通して解説しています。

管理者の方へ

事業所等で新人の介護支援専門員を教育するときに必要な人材育成やOJTに関する内容については、本書と連動している『居宅介護支援事業所管理者のための実践ガイドブック』（中央法規出版、2023年）を併せて活用することで、人材育成を行うポイントを具体的に説明でき、より効果的に人材育成が望めます。

『居宅介護支援事業所管理者のための実践ガイドブック』主要目次

第1章　管理の基礎

第2章　人材育成

第3章　OJT

第4章　労務管理と勤怠管理

第5章　財務管理

第6章　法令遵守・リスクマネジメント

日本介護支援専門員協会が実施する研修との連動性

本書は、日本介護支援専門員協会が作成した「生涯学習制度　事業報告書」（2021年）において示された介護支援専門員の生涯学習体系に基づいて、介護支援専門員実務研修から主任介護支援専門員更新研修までの法定研修カリキュラムと連動しています。生涯学習制度では、介護支援専門員が必要とするレベルに応じて知識・技術・態度における研修習得度に合わせた能力評価をするうえで必要な能力ルーブリックが作成されており、生涯学習の指針として体系化されています。本書とともに生涯学習体系に応じた研修を受講することにより、レベルに応じた

介護支援専門員生涯学習制度

目的、内容
- ・介護支援専門員の生涯学習体系
- ・法定研修と連動した教育体制
- ・学習目標の明示と介護支援専門員の学習意欲の向上

受講基準
- ・レベル別に応じた受講対象者

修了認定
- ・受講と修了評価で各段階の認定を設定

生涯学習体系（イメージ）

初任者研修	スキルアップ研修①	スキルアップ研修②	スキルアップ研修③	スキルアップ研修④	スキルアップ研修⑤
実践者レベル1 6か月時点	実践者レベル2 3年時点	実践者レベル3 5年時点	実践者レベル4 5年以上	指導者レベル1 5年以上	指導者レベル2 10年以上
ケアマネジメントの基本的態度を身につけ業務活動ができる。（基礎実践者）	個別事例の実践と地域課題についても視点を広げられる。（中級実践者）	困難事例の対応や、省察的振り返り、地域課題の解決に向けた実践ができる。（上級実践者）	効果的な事業所運営ができ、社会資源開発ができる。（管理実践者）	介護支援専門員のスーパービジョンを中心とする指導・育成ができる。（育成指導者）	実践者指導のみならず、管理者や指導者の育成ができる。（指導者育成）

出典：日本介護支援専門員協会「生涯学習制度　事業報告書」2021年を一部改変

知識・技術・態度について習得することができます。

● 関連書籍

　本書は、令和元年度老人保健健康増進等事業「居宅介護支援事業所における事業所内での人材育成に資する取組のあり方に関する調査研究事業」で発行した手引きも活用していただけます。

居宅介護支援事業所におけるケアマネジメント機能向上に資するOJTの手引き（令和2年3月）
発行：日本介護支援専門員協会
参照先：https://www.jcma.or.jp/wp-content/uploads/2004092roken19ojttebiki.pdf

居宅介護支援事業所におけるケアマネジメント機能向上に資する事例検討会　実践に活かす手引き（令和2年3月）
発行：日本介護支援専門員協会
参照先：https://www.jcma.or.jp/wp-content/uploads/200409roken19jireitebiki.pdf

第1章

介護支援専門員（ケアマネジャー）
キホンのキ

　人と会うときに、皆さんは何に気をつけていますか。私たち介護支援専門員が利用者の住居に訪問するときなど、社会人としてのマナーを身につけた立ち居振る舞いが求められます。

　相手の立場に立ち、相手の気持ちを想像した言動とマナーについて考えてみましょう。

身だしなみ

これからの介護生活を一緒に考え支えてくれる相手として、利用者が介護支援専門員（自分）にどのような印象をもつかは、その後の関係にも大きな影響を及ぼすことがあります。自宅を訪問し相談支援を行う者として、その第一印象は大切です。

服装や髪型などに、自分なりのこだわりをもっている方も多いと思います。また、世代間で感覚の違いもあります。例えば、シャツのすそがズボンの中に入っているか出ているかは、年代によって受け止め方が異なるかもしれません。しかし、自分の好みだけで服を選んでおしゃれをすると、利用者は「自分は大切だと思われているのか」「この人に相談して大丈夫かしら」などと感じ、マイナスのイメージをもたれることがあります。特に初めて面談するときは、その人の第一印象が介護支援専門員という仕事のイメージになることもあります。

そのために、「相手がどう感じるか」を意識して身だしなみを整え、社会人の基本的なマナーとして、「身だしなみ」を確認しましょう。

1 訪問時の意識

利用者の自宅を訪問し、家の中に入るということは利用者のテリトリー（領域）に入るということです。自分は、外部の人間であることを意識します。

介護支援専門員が来るということに、お客さんが来るような気持ちになっている利用者もいます。特に初めての訪問は、気を遣う場面です。だからこそ、第一印象は大切です。

2 服装

「清潔感のある身だしなみ」といわれますが、人それぞれ感覚が異なるでしょう。「清潔感」のある装いとは、汚れやしわのない服装といえますが、Tシャツ、デニムパンツ、サンダルは勧めません。裸足で訪問先に上がることは、厳禁と考えてください。また、事業所の制服がジャージの上下ということもあると思いますが、相談支援を行う訪問では、部屋着・作業着で来たような印象をもたれやすいです。逆に、スーツは堅苦しい雰囲気があり、相談しにくいという声も少なくありません。少しカジュアルなスラックスと襟つきシャツ、ジャケットを基本と考えるとよいでしょう。

> **Point**
>
> 忘れがちなのが、靴下と靴です。汚れている、脱いだら臭うといったことのないように、気をつけましょう。

3 アクセサリー

派手なアクセサリーを身につけて訪問した介護支援専門員に対し、「場にふさわしくなく相談したくない」という利用者の声もあります。過度なアクセサリーは、控えましょう。

4 香水

仕事中の香水は、基本的には避けます。また、最近では強い香りが含まれている整髪料や柔軟剤も多くなっています。自分が好きな香りを相手が好むとは限りません。また、相談は利用者の家で行うことが多く、利用者がその香りが気になって、不快な思いをするかもしれません。相手のことを考え、香りにも気を配ってください。

Column コミュニケーション

① **バーバルコミュニケーション**

言語を使ったコミュニケーションのことです。相手にとってわかりやすい表現や、相手の話しやすい話題を選ぶなど配慮します。

② **ノンバーバルコミュニケーション**

言語以外で行うコミュニケーションのことです。身振り手振り・ジェスチャー・表情・目の動き、服装・髪型・靴・アクセサリー、音声の高低や強弱、距離のほか、照明・温度といった環境なども含まれます。相手に与える印象がよりよくなれば、安心感や信頼感を得ることにつながります。

自己紹介と名刺の渡し方

電話で初回相談を受けていたり、アポイントを取っていたりすれば、訪問時はすでに自分の名前を伝えていることもあります。しかし、顔を合わせるのは、訪問するときが初めてです。インターフォンを鳴らし、相手が出たら敷地に入り、相手がドアを開けてくれるまでドアの前で待ちます。ドアを開けてもらったら、初めての訪問のあいさつをし、身分証を提示して、事業所名と名前を伝えて玄関の中に入りましょう。

Column　身分証の提示

居宅介護支援事業者は、事業所の介護支援専門員に身分を証する書類（介護支援専門員証）を携行させ、初回訪問時および利用者またはその家族から求められたときは、これを提示すべき旨を指導しなければならないとされています（指定居宅介護支援等の事業の人員及び運営に関する基準第9条）。

家の中に入ってから改めて身分を名乗り、①利用者、②家族の順に名刺を渡します。ただし、家族から相談があった場合は家族（相談者）に先に渡すことが望ましいこともあります。訪問したときに観察し、臨機応変に対応しましょう。名刺は胸の高さで、必ず両手で渡すようにしてください。受け取るときも同様です。本来は立って向き合い、渡すものですが、利用者の自宅では席についてテーブルを挟んで行うことが多いと思います。

利用者から名刺をもらうことは少ないでしょう。一方、サービス事業所の担当者と名刺交換をする場合、受け取った相手の名刺は自分の名刺入れの上に置きます。複数人いるときは、テーブルの上に並べて置くことが望ましいです。

第❸節
訪問時の持ち物、かばんの中身

　名刺や介護支援専門員証のほか、訪問時には、表1-1に紹介するものを用意しておくと便利です。特に、初回面談では契約を交わすことになります。運営基準の見直しなどにより、説明すべき内容が変わったり、書類が増えることがあります。事前にチェックすることが必要です。

表1-1　訪問時に持参するもの

- 名刺、身分証明書（社員証、介護支援専門員証）
- 居宅サービス計画作成依頼（変更）届出書
  （市町村（保険者）に提出する必要のある書類は入っているか確認しましょう）
- 介護保険被保険者証の見本
  （介護保険被保険者証がどのようなものか、わからない利用者もいます。これから申請するなどの場合、見本があるとわかりやすいです）
- 地域の高齢者福祉のしおり
  （利用者が持っていないこともあるので2部）
- 保険者が作成している介護保険制度を紹介するパンフレット（もしあれば）、事業所一覧、複数のサービス事業所のチラシ、料金表
- 介護報酬の単位数表
  （費用について聞かれることが多いです）
- アセスメントシート
- 自分の印鑑、朱肉、捺印マット
- ノート、メモ帳（切り離し可能なもの）、3色ボールペン、蛍光マーカー、付箋
- 感染予防のためのアルコール消毒液、替えのマスク、使い捨て手袋（あれば簡易予防着）、替えの靴下
- メジャー
  （金属製のものがよいです。段差の確認、特殊寝台の設置や車いすで移動するためのスペースの計測など、初回の相談内容につながります）

　あらかじめ利用を希望するサービスの予測がつく場合は、そのサービスにかかわる事業所のパンフレットを複数、用意していくとよいでしょう（選択するのは利用者）。

電話の対応の仕方とかけ方

　介護業界は特別ということはありません。ビジネスマナーを知り、守ることが対人援助職として大切です。

1 電話を受けるとき

　ペンとノートまたはメモ帳の準備をして、電話に出ます。1、2コールで電話に出られるように、常に筆記用具を近くに置いておくとよいでしょう。仕事をしながら電話に出ると、声のトーンが下がりやすくなります。この点を意識して、話を始められるように心がけましょう。

　受話器を取り上げたら、「はい、○○事業所の●●です」と、事業所名と自分の名前を伝えます。すぐに電話に出られなかったときは「お待たせしました」と加えるとよいでしょう（電話に出るまでに5回以上着信音が鳴った場合は、「大変お待たせしました」に変えましょう）。

　相手が名乗ったら、「□□様でいらっしゃいますね」と復唱します。相手が名前を言い忘れていたら、「恐れ入りますが、お名前をお聞きしてもよろしいですか」と確認します。

2 電話をかけるとき

　電話をかけるときは、必ず事業所名と自分の名前を伝えます。事業所によっては事業所名しか伝えない場合がありますが、マナーとして自分の名前も伝えます。

　初めての利用者には、自分の名前や介護支援専門員という肩書きだけではなく、どのような仕事をしていて、どのように利用者とかかわっていくのかを伝えると、安心してくれるはずです。

3 利用者・家族との電話

相談は電話から始まることがほとんどだと思います。地域包括支援センターなどの紹介で、利用者から事業所に電話をかけてくる、または地域包括支援センターの紹介で、介護支援専門員から利用者へ電話をかけるなどです。この時点で「インテーク」が始まります。

Column **インテーク**

　ケアマネジメントの入り口にあたるのが、インテーク面接です。インテーク面接の段階で介護支援専門員にまず求められるのは、徹底して利用者の話を傾聴し、その話のなかから利用者の主訴を聴き取る（読み取る）姿勢です。特に、初めて介護支援専門員に会ったときに「きちんと向き合って聴いてくれた」と、利用者が感じられると、その後の援助を円滑に進める第一歩となります。

　また、受容的な態度も不可欠で、これは極めて重要な対人援助の原則であり、援助関係の形成のみならず、援助の深まりという意味でも重要です（「ケアマネジメントツール—ケアプラン確認マニュアル 川崎版（第3版）」p.25）

4 聞き上手になる

利用者は、どうしようかと悩んで決心して、話をもちかけます。また、初めて話をする介護支援専門員がどんな人か不安もあり緊張しています。そのため、介護支援専門員は、相談を決心した利用者のことを思いやります。初めての電話から利用者が困りごとを次々と話し始めることもあります。この初めての声を聞き逃さないように、メモを取りながら訴えを把握します。その際、1つひとつの言葉を受け止め、聞き違えのないように繰り返すなど確認しましょう。

Point

　聞き手となる場面ですが、「やっと聞いてもらえる」という思いから、利用者の話がなかなか終わらない場合があります。そんなときは介護支援専門員が舵取り役となり、続きを訪問の際、詳しく聞くことを伝えて、場面を切り替えます。

利用者に会う前に用意しておくこと

1 訪問前の連絡

　事前にアポイントを取りましょう。来客や通院などの予定、または体調など相手の生活に合わせることが必要です。漠然といつがよいか聞くと、相手も考えてしまうので「●月●日●曜日〜〇月〇日〇曜日の間でご都合のよい日時はありますか？」といった聞き方がよいでしょう。時間が決まったら「△月△日△曜日△時にうかがいます」と復唱します。

> **Point**
>
> 　相手が高齢者の場合、電話の声が聞き取りにくいことが考えられます。静かな環境でゆっくり少し低めの声で話すと、聞き取りやすくなります。

2 移動手段と経路、移動時間、駐車場など

　地域によって移動手段が異なります。そのため、移動手段と経路、移動時間を地図などで確認しましょう。特に車移動の場合は、着いてから駐車場を探さないように近隣のコインパーキングの情報を事業所内で共有しておくとよいでしょう。時間ギリギリに着くと、自分の心構えにゆとりがなくなります。一方で、時間に間に合わないと「事故にあったのではないか」など、相手に不安を与えてしまいます。遅れるときは相手に電話をかけ、その旨を伝えます。

> **Point**
>
> 　自転車の乗り方や車の運転の仕方も見られています。移動の際は仕事中であることを意識して、交通ルールを守った運転をしましょう。

3 訪問前の情報確認

　事前に把握した情報や電話で聞き取った内容を再度確認し、重複して聞かないように不足している情報を聞き取れるようにします。アセスメントシートには、事前に聞き取った内容をあらかじめ記入しておきましょう。

第❻節
利用者宅訪問で気をつけたいこと

　訪問しチャイムを鳴らした後、名前を告げます。隣近所に、介護が必要であることを知られたくない場合もあります。「〇〇事業所です」と事業所名を告げることは控えたほうがよいでしょう。

　玄関ドアを開けてもらい、中に入ります。コート、ジャンパーなどの上着は、玄関が開く前にあらかじめ脱いで手に持ち、自宅へ上がるときは靴をそろえ、上着は玄関先に置きます。車や自転車のかごに入れてから訪問するのもよい方法です。

> **Point**
>
> 　玄関から利用者の話を聞く部屋に移動する間に、家の中をざっと観察し、利用者本人や家族が興味をもっていることや大切にしていることなどを見つけてみましょう。それらを話題にできると、場の緊張をほぐすきっかけになります。

　利用者・家族との会話では、専門用語の使用を避けます。長く介護の世界で働いていると、自分の周囲では当たり前になっている言葉が存在します。日頃、仕事中に何気なく使っている言葉が利用者に理解していただけているかどうか確認しましょう。

　また、初めて顔を合わせるので、利用者がとても緊張した時間を過ごしていることを理解して、面談中は利用者に疲れた様子がないか、状態の観察（表情や口調、座っている姿勢の変化など）も意識してください。

　役所や地域包括支援センター、病院などから「〇〇事業所に電話をして介護支援専門員を頼んでください」「介護支援専門員に相談してください」と言われて初回面談に至る利用者もいます。介護保険制度のしくみは複雑なため、一度説明を聞いただけでは理解するのは難しいと思います。そのため、利用者が介護保険制度についてどのくらい理解しているか、確認することが必要でしょう。

　サービスを利用する際の費用について、利用者が想像している以上に高額になることがあります。例えばデイサービスについては、通所介護、地域密着型通所介護、認知症対応型通所介護など複数の種類があり、それぞれ基本単位数が異なります。

　サービス利用にかかる費用は、利用者や家族が聞きにくい内容でもあり、介護支援専門員から提示できるように事前準備します。

Column　インテークは、"寄り添う姿勢"を忘れない

　電話に続き初回訪問となるインテークでは、常に寄り添う姿勢を忘れないことが大切です。「この人なら話を聞いてくれる」「この人になら相談してみよう」と思ってもらえるかどうかは、その先の支援が順調に進むか否かに大きく影響します。

　また、インテークでは共感や受容の姿勢が求められますが、利用者に対して関心をもつという意味での「共感や受容」であり、相手に感情移入することではありません。

　程よい距離感を保ち、常に客観的な判断が必要です。まずは専門職の視点をもち「どうしてそのように思っているのか」について丁寧に聞き、本当のニーズが何かを探る作業が必要です。介護する家族が当たり前と思い、過重な介護をしていることもあります。介護する家族の心身の健康を守るためにも、インテークでは言葉として浮き上がってこないニーズの存在を拾い上げることも必要です。

—— 第 **7** 節 ——

契約時に気をつけておくこと

　契約は、利用者と居宅介護支援事業所との間で交わされます。居宅介護支援の開始は、契約締結後に行われます。

　サービス事業者と同様、居宅介護支援事業者についても利用者が自由に選択できます。利用者またはその家族に対し、「文書＝重要事項説明書」を交付してサービスを選択するために必要な情報を説明し、同意を得ることが必要です。重要事項説明書の交付、その説明、同意を得ることは、契約書への署名よりも優先されます。

　介護保険法令においては、重要事項を文書で交付し、利用者または家族に説明し、同意を得た日をもって"契約"とみなします。初回訪問をし、あいさつをしたら、重要事項説明書を利用者または家族に交付し、介護支援専門員や事業所の役割などについて説明し、利用者または家族から同意を得た後、情報収集（アセスメント）を行います。

> **Point**
>
> 　自身の事業所の重要事項説明書などを読んでいますか？　必要なことにポイントをしぼって伝えられるように、また、利用者・家族からの質問に答えられるように、自分の事業所の契約書・重要事項説明書・個人情報使用同意書などをしっかり読み込んで説明に臨みましょう。どのように説明したらよいのか、ほかの介護支援専門員を相手に事業所で練習するとよいでしょう。

第 **8** 節

事業所に戻ったら

アセスメントした内容を整理し課題分析を行います。自分の感じた印象やその後の方向性などについて管理者などと相談します。また、自分が考えた課題を管理者などに確認してもらい、その課題解決に必要なサービスは近隣にどのくらいあるかを教えてもらいましょう。

支援に必要となる各サービスの特徴などの情報については、地域で活動をしている同僚や管理者に教えてもらい、担当する利用者に対して情報提供する事業所を複数選定できるとよいです。新規利用の空き状況や見学可能かなどを事前に確認しておくとよいでしょう。

また、居宅サービス計画（以下、ケアプラン）の原案の作成や、すでにケアプランができていれば見直しも行います。先輩や管理者に確認してもらうと、よりよいケアプランの書き方が理解できるでしょう。利用者に関するやり取りは、居宅介護支援経過にも忘れずに記載します。

さらに、介護保険以外のサービスや地域の情報収集も必要です。ふだんから事業所内や地域の介護支援専門員などの集まりで情報を得て、利用者に提案できるように心がけます。

指定居宅介護支援等の事業の人員及び運営に関する基準及び解釈通知

【運営基準】指定居宅介護支援の具体的取扱方針

第13条

四　介護支援専門員は、居宅サービス計画の作成に当たっては、利用者の日常生活全般を支援する観点から、介護給付等対象サービス（中略）以外の保健医療サービス又は福祉サービス、当該地域の住民による自発的な活動によるサービス等の利用も含めて居宅サービス計画上に位置付けるよう努めなければならない。

【解釈通知】

④　総合的な居宅サービス計画の作成

　　居宅サービス計画は、利用者の日常生活全般を支援する観点に立って作成されることが重要である。このため、居宅サービス計画の作成又は変更に当たっては、利用者の希望や課題分析の結果に基づき、介護給付等対象サービス以外の、例えば、市町村保健師等が居宅を訪問して行う指導等の保健サービス、老人介護支援センターにおける相談援助及び市町村が一般施策として行う配食サービス、寝具乾燥サービスや当該地域の住民による見守り、配食、会食などの自発的な活動によるサービス等、更には、こうしたサービスと併せて提供される精神科訪問看護等の医療サービス、はり師・きゅう師による施術、保健師・看護師・柔道整復師・あん摩マッサージ指圧師による機能訓練なども含めて居宅サービス計画に位置付けることにより総合的な計画となるよう努めなければならない。（後略）

第**❾**節

記録の書き方

　居宅介護支援経過は、情報開示を求められる公的な記録であることを忘れてはいけません。

　居宅介護支援経過には、モニタリングを通じて把握した、利用者やその家族の意向・満足度や目標の達成の程度、ケアプランの変更の必要性などを記載します。ただ漫然と記載するのではなく、項目ごとに整理し、介護支援専門員がふだんのかかわりを通じて把握したことや判断したこと、持ち越された課題などを、日付や情報収集の手段と併せて記録します（表1-2）。

　その際、簡潔かつ適切な表現を用いることが大切です。具体的には、①主語と述語を明確にする、②略語や専門用語を用いない、③曖昧で抽象的な表現を避ける、④箇条書きを活用するなどです。

　なお、モニタリングシートなどを利用している場合は、例えば、「モニタリングシート等（別紙）参照」などとし、重複して記載する必要はありません。

表1-2　**居宅介護支援経過の書き方（例）**

年月日	項目	内容
202×年 〇月〇日（〇） 〇時〇分	新規依頼 電話（受）	●●地域包括支援センター●●氏より新規の相談がある。概要を相談受付表に記載。
202×年 〇月〇日（〇） 〇時〇分	初回訪問日調整 電話（発）	介護支援専門員の依頼を受けたことを伝え、初回訪問日を相談。〇月〇日〇時にうかがうことを決める。
202×年 〇月〇日（〇） 〇時〇分	居宅訪問 （初回） 契約 アセスメント	本人と家族（妻、長男）が同席。 本人・家族に「重要事項説明書」を交付し、自己紹介と事業所、事業の説明を行う。本人・家族の同意を得て、契約締結とし担当となる。訪問の最後に契約書に長男代筆にて、署名・捺印をいただく。 契約締結後、アセスメントの必要性を説明し、アセスメントを実施する（詳細はアセスメント表参照）。 ・・・・・・ ・・・・・・

　居宅介護支援経過には、いつ、誰が、何が、なぜ、希望は何かなども記載し、それに対し専門職として検討すべきこと、検証したこと、助言などを記載します。

　ケアプランが決まり、サービス提供が始まってから行われるモニタリングについては、短期目標の達成度や実施状況、利用者・家族の満足度なども記載していきます。

Column　多職種との連携内容を記録に残す

　「連携」とは、私たちが日常的な業務または研修でよく使う言葉です。その意味は、ただ顔を合わせることだけでなく、相手に文章等をFAXで送るなど、ただ伝えることでも電話をかけることでも事業所から報告書をもらうことでもありません。

　それらは連携の方法、手段です。「連携」の真の意味は、同じ目的をもつ者同士が、互いに連絡を取り、協力して物事を行うことです。一方的に情報を送るのではなく、FAXや郵便、メール等で情報提供した場合は必ず情報が届いたか、また意見があるか等のやり取りを行い、それを記録に残します。

第⑩節
介護支援専門員（ケアマネジャー）として大切にしたいこと

　介護保険制度は、社会保障制度における保険事業の１つであることを認識してください。介護支援専門員の経験年数が何年になろうとも、介護保険制度において自分たちがどのような役割を求められているかを常に意識することが大切です。

　介護支援専門員に依頼が入るということは、「何かに困っている」状況があるからです。ついつい、解決にはどのサービスが適しているかを考えがちですが、サービスありきではなく、利用者や家族の声を聴きましょう。特に、初回訪問などの際、利用者から「デイサービス」「ヘルパーさん」などの具体的なサービスの名前を出してくる場合もあります。その際、相談援助職としてその言葉も受け止めつつ、結論を急がず、なぜ「デイサービス」なのか、その奥にある事情を考えながら、利用者や家族が発する言葉やその様子を受け止めることが求められます。そして、信頼関係を築きながら、要介護状態となった利用者の尊厳を保持し、公正かつ中立な姿勢で、改善・悪化予防に資する援助を自己決定できるように意識して支援しましょう。

　また、医療機関や依頼するサービス事業所などは、チームケアの仲間です。介護支援専門員として、その職種の特徴やできることを理解し、医療機関とケアチーム、介護支援専門員とサービス事業所の間などで上下関係が生まれないように心がけましょう。

図1-1 **チームケア**

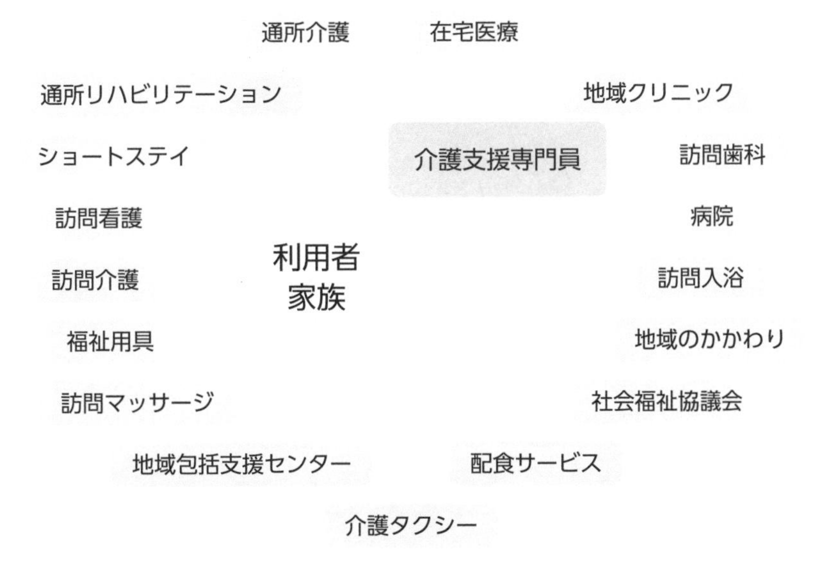

通所介護　　在宅医療

通所リハビリテーション　　　　　地域クリニック

ショートステイ　　　　介護支援専門員　　訪問歯科

訪問看護　　　　　　　　　　　　　　病院

　　　　利用者
訪問介護　　家族　　　　　　訪問入浴

福祉用具　　　　　　　　　地域のかかわり

訪問マッサージ　　　　　　社会福祉協議会

地域包括支援センター　　配食サービス

介護タクシー

体調の管理とストレスケア

　利用者支援には、チームケアが欠かせません。サービス事業所や関係機関、地域の力を頼り、活用しましょう。関係機関とは、自分が支援する利用者や家族に関係する機関です。

　担当している利用者のことで困っていたら、チームメンバーである担当医師、訪問看護や通所介護、訪問介護のスタッフなどに助言を求めます。地域包括支援センターや社会福祉協議会に地域の情報を聞いてみるのもよいでしょう。また、地域には多くの事業所があります。経験が浅く地域のことがわからないときは、事業所の先輩が積み上げてきた他事業所の仲間につないでもらうようにします。

　それでも、「どうしたらよい支援ができるのか」と、休みの日も利用者のことが頭から離れないことが出てくるでしょう。些細な失敗が息苦しさを生みます。それは、決してあなただけではありません。20年近く介護支援専門員を経験していても、そのような場面が出てきます。「趣味なんてない」「家庭と仕事の両立で余裕がない…！」という声が多く聞こえそうです。その状況を乗り越えてきた、事業所の先輩に相談するのはもちろんですが、地域の介護支援専門員協議会などで仲間を見つけて、自分の悩みを共有することもおすすめです。地域の仲間がどのように乗り越えているのか、教えてもらいましょう。

　初めは、とにかく仕事に慣れるために一生懸命で自分のことが後回しになりがちです。難しくても、生活にメリハリがつけられるように心がけましょう。

参考文献
- 金森たかこ『イラストでまるわかり！ 入社1年目ビジネスマナーの教科書』プレジデント社、2017年
- 後藤佳苗『令和3年改定対応 記載例で学ぶ居宅介護支援経過──書くべきこと・書いてはいけないこと』第一法規、2021年
- 後藤佳苗『実践で困らない！ 駆け出しケアマネジャーのためのお仕事マニュアル 第2版』秀和システム、2018年

第2章

OJT（On-the-Job Training）を受ける

　利用者に対する支援は、本人・家族・専門職がチームとなって展開されます。その際、複数の介護支援専門員がかかわることはほとんどありません。1人の介護支援専門員がその利用者の居宅介護支援業務を担います。研修には、「業務の場面を離れて行われる研修」と「業務の場面において行われる研修」があります。第2章では、このうち「業務の場面において行われる研修」を取り上げます。研修がより効果的なものとなるように、心構え、自身の実践を振り返る評価項目、研修の進度に合わせた習得目標の目安などを紹介します。

OJT（On-the-Job Training）とは

　全産業のどの職場においても、人材育成は最も重要なテーマの1つです。とりわけ「人が人を支える」福祉の分野では、必要不可欠です。

　介護支援専門員には、介護保険法第69条の34第3項で「要介護者等が自立した日常生活を営むのに必要な援助に関する専門的知識及び技術の水準を向上させ、その他その資質の向上を図るよう努めなければならない」と資質の向上が定められています。資質の向上には、介護支援専門員自身が取り組むことはもちろんですが、職場としても取り組む必要があります。

　介護支援専門員は、利用者や家族の生活に深くかかわりその生活を支えます。支援は、利用者と居宅介護支援事業所との契約のもとで行われます。また、その支援は担当介護支援専門員が専門職として、利用者宅などの場へ1人で赴いて行われます。利用者の相談に対し、どのように対応したらよいのか相談しようにも、上司やより高い専門性をもった職員はその場にいません。これはつまり、相談をする機会をもちづらい環境で支援に携わることを意味します。そのような環境では、自身がどのような姿勢で業務に臨んだらよいのかイメージがしづらいかもしれません。

　このような環境のもとで支援にあたる介護支援専門員には、実務を通じて行われるOJT（On-the-Job Training：オン・ザ・ジョブ・トレーニング）がとても有効です。

　OJTは、支援に必要な「倫理観」「技術」「知識」を習得するだけでなく、指導担当者が長年の経験のなかで培ってきた実践知も引き継ぐ機会になります。

1 目的

　OJTは、専門職としての介護支援専門員が実務能力を向上させるために行われます。

　実務能力のもとになるものは、社会における介護支援専門員そのものの「価値」を認識することです。そのうえで、高い倫理観をもちながら、技術と知識の向上を続けていくことが求められます。

　介護支援専門員の職能団体である日本介護支援専門員協会が、介護支援専門員の「価値」と「倫理」を倫理綱領として掲げています。綱領の前文が「価値」を示しています。前文に続く各条文が介護支援専門員としての「行動規範」を示しています。

　社会において、介護支援専門員がどのような責務と役割をもった専門職であるのか、「倫理綱領」を確認しましょう。

2 しくみ

専門職としての人材育成の手法には、さまざまなものがあります。その手法の１つである OJTの特徴は、表2-1のとおりです。

表2-1 **OJTの特徴**

	OJT：職務を通じての研修 職場の上司（またはより専門性の高い職員）が職務を通じて職員を指導・育成する研修
なぜ？	職員個々のレベルに応じた、実践的な能力を高めるために
誰が？	職場の上司（またはより専門性の高い職員）が職員に対して
いつ？	日常の業務を通じて
どこで？	職場で
何を？	業務に必要な姿勢、価値観、技術や知識を
どうする？	意図をもって日常的あるいは計画的に指導育成する （個別指導と集団指導の方法がある）

出典：兵庫県社会福祉協議会「人材も組織も育つ職場研修 職場研修の手引き《実践編》」p.2、2010年を一部改変

3 方法

OJTは、職場の上司や指導担当者が「OJT指導者」となって、「教わる人」の育成に個別で指導します。

ケアマネジメントの自己評価表や職場のマニュアルなどを使って、「教わる人」が自分の業務上の課題を導き出します。同時に「OJT指導者」も業務に必要な技術や知識の習熟度を確認し、「教わる人」の課題を導き出します。それぞれが導き出した課題を「教わる人」と「OJT指導者」が共有し、目標を設定します。

その目標の達成に向け、実地で研修を受けます。「教わる人」の能力と研修期間に応じて、「見て学ぶ」「指示や助言を受けながら行う」「指導担当者同席のもと１人で行う」などのように、段階を経て技能を高めていきます。

OJTは、業務のなかで行われます。場所は事業所、事業所以外と業務のすべての場が研修の機会となります。

事業所では、ミーティング、電話での相談対応や連絡調整、書類作成やパソコンの操作などがその機会になります。事業所以外では、利用者宅での面談、サービス事業所や医療機関などとの調整、サービス担当者会議、地域ケア会議、事例検討会などがその機会となります。

いずれも業務の限られた時間のなかで行われます。特に事業所以外でのOJTでは、利用者と

の信頼関係に影響が出ないように、またほかの専門職との連携に影響が出ないように、「OJT指導者」は「教わる人」に対して訪問前後に、以下のような確認や指導を行います。

　訪問前にOJTで取り組む事柄について、「教わる人」が理解している知識や技術、姿勢に不安を感じていることを確認し、必要な助言を行います。

　訪問後には「教わる人」が気づいたことや解消されなかった不安、新たに生まれた問題意識について、「OJT指導者」は「教わる人」の言葉を受容します。そのうえで、専門職としてその場面や状況ごとに求められる事柄や留意点をもとに「教わる人」が主体的に習得していることと課題を自覚することができる機会を設け、深い学びを得ることができるようにします。

第②節
OJTを受けるための心構えと準備

OJTは、OJTそのものを行うことが目的ではなく、OJTを通して専門職として支援の質を向上させるために行われます。

「支援の質を向上させる」とはどのようなことであるのか、理解する必要があります。介護支援専門員として、支援の状況や支援の場面ごとに求められるスキル、1つひとつの業務の目的、業務全体からみた取り組んでいる作業の位置づけや意味、その状況や場面で必要となる考え方や視点、面接の技術、支援に必要な知識などを理解する必要があります。

つまり、「しなければならないこと」「するように努めること」「してはならないこと」の理解が必要です。

そのために「自己評価表」（表2-2）などを活用して、「わからないこと」「わかっているができないこと」「できていること」を自身で確認しておきます。

可視化した情報をもとに、自身の不安や心配なども併せて指導担当者と共有します。その際、「できていること」が、求められている支援の質に到達しているかどうかを指導担当者と確認することも大切です。

表2-2 **自己評価表　Ver.2018**
1．課題分析（アセスメント）票から

自己チェック項目		自己チェック項目
基礎的な事項	1.	課題分析標準項目が漏れなく記入されているか。特記事項が活用されているか。
相談内容	2.	相談者、相談経路、相談の経緯、相談方法、相談日等が明確になっているか。
	3.	内容が本人や家族の言葉で具体的に書かれているか。
	4.	サービスを利用することにより、どのような生活を送りたいか把握されているか。
家族や介護者の状況	5.	家族構成図が適切に書かれているか。同居者が囲んであるか。
	6.	家族構成員の情報（年齢、職業、健康状態等）が把握されているか。
	7.	家族関係や介護者の介護能力、介護に関する知識、実際に行われている介護の内容や回数、家族の介護に関する思い等がとらえられているか。
	8.	独居等の場合はかかわりの強い別居家族も連絡を取り、意向を確認されているか。
インフォーマルな支援の状況	9.	親戚、民生委員、近隣住民、友人等との関係、訪問頻度、支援内容、受けたい支援等とらえているか。
サービス利用状況	10.	サービスや制度の利用状況が明確になっているか。
経済状況	11.	おおよその収入と介護に対する可能な負担額を把握しているか。
生活歴	12.	本人がどこでどのような生活を送ってきたのか（職業、結婚歴、配偶者死別、転居等も含む）、現在どのような生活をしているか等、把握されているか。

住宅や環境などの状況	13.	見取り図に段差の有無が記入され、家具の配置等居室の状況がわかりやすく書かれているか。
	14.	立地環境の問題点（例えば道路までの関係、付近の交通量等）や日常生活上の支障などとらえられているか。
	15.	住宅改修の必要性や実施状況が把握されているか。
本人の健康状態・治療・受診等の状況	16.	既往歴や現症は、発症から現在まで問題となっている症状や所見、介護が必要となった状況、受診状況や服薬状況が書かれているか。
	17.	体格（身長、体重等）が書かれているか。
	18.	麻痺や拘縮、障害の部位が明確になっているか。
	19.	通院方法や病院までの距離、介助の有無が明確になっているか。
	20.	担当介護支援専門員として、直接、主治医等との連携が図られ、主治医意見書からの情報も適切に得られているか。
本人の基本動作等の状況	21.	寝返りや起き上がり、立ち上がりの状況がとらえられているか。
	22.	歩行はどれだけの距離をどれだけの時間でどのような方法で歩くことができているか、その際、見守りや介護が必要か、障害や疾患との関連性等とらえられているか。
	23.	移乗や移動は自立しているか、見守りや介護が必要か、具体的にどのような介護がされているか、障害や疾患との関連性等がとらえられているか。
	24.	浴槽は自分でまたげているか、身体は自分で洗えるか、入浴の頻度や方法、障害や疾患との関連性等がとらえられているか。
	25.	食事の内容・形態や量、回数、必要なカロリー、栄養バランス、味付けの好み（塩辛いものが好き等）、自分で食べることができるか、見守りや介助が必要か、障害や疾患との関連性がとらえられているか。
	26.	嚥下は自立しているか、水分や食事の内容・形態、摂取時の体位等により、むせや誤嚥がないか等とらえられているか。
	27.	1日に必要な水分量が摂取されているか、脱水の危険はないか等の把握はされているか。
	28.	尿意、便意があるか、失禁はないか、量や性状はどうか、どのような方法で排泄しているか、排泄の後始末が自分でできるか、食事、水分摂取量、障害や疾患との関連性が検討されているか。
	29.	ズボンの上げ下げ、衣服の着脱等はどこまで自分ででき、どこから介助が必要か、障害や疾患との関連性等が把握されているか。
	30.	歯磨きの状態、口腔の状態等は把握できているか。
	31.	調理、洗濯、掃除、買物、金銭の管理等のIADL等を把握をされているか。
認知症等による周辺症状	32.	行動上の障害、精神症状の頻度や持続性、具体的な状況、日差変動、日内変動等が把握されているか。
社会交流の状況・コミュニケーション	33.	昔の職場の仲間やほかの人との交流をもっているか。地域の行事への参加や趣味活動、近所付き合いの有無や本人の意向など把握しているか。
	34.	本人のコミュニケーション手段や方法が明確になっているか。
心理・ストレスの状況	35.	今の状況をどのように受け止めているか等、本人および家族の心理的な負担やストレスの状況をとらえられているか。

その他	36.	本人の生活リズムや1日の過ごし方が把握されているか。
	37.	援助を必要とする時間帯や内容が明らかになっているか。
まとめ	38.	アセスメントで得られた情報から原因、背景、改善・自立の可能性等について分析されているか（状況の変化も記載されているか）。
	39.	介護支援専門員としての各々の課題の解決すべき内容についてその対応が記載されているか。

2．居宅サービス計画書（第1表）

自己チェック項目		自己チェック項目
(1)本人および家族の生活に対する意向をとらえているか。	40.	本人や家族それぞれの立場から生活の意向が表現されているか。
	41.	どこでどのような生活を送りたいか把握されているか。
	42.	現在の状況や経過だけでなくて、大事なことは本人や家族が発した言葉で記載されているか。
	43.	本人および家族の意向が、初回サービス計画のままになっていないか。時間の経過に合わせて意向の変化を確認しているか。
(2)認定審査会の意見や主治医の介護に関する意見が反映されているか。	44.	介護保険被保険者証に記載がある場合、転記されているか。
	45.	介護保険認定審査会の意見およびサービスの種類の指定に伴って、サービス担当者会議等でサービスを提供するうえで専門的な視点からのさまざまな留意事項が示された場合、記載されているか。
(3)ADLやQOLの向上を目指した総合的な援助の方針が立てられているか。	46.	「利用者及び家族の生活に対する意向を踏まえた課題分析の結果」に対応しているか。
	47.	サービス種別の羅列になっていないか。
	48.	自立に向けた個別性のある具体的な援助方針になっているか。
	49.	緊急時の対応や医療との連携が組み込まれているか。
	50.	本人や家族が望む生活を目指して取り組めるようわかりやすく記載されているか。
	51.	表現は本人や家族にわかりやすく記載されているか。傷つける内容になっていないか。

3．居宅サービス計画書（第2表）

自己チェック項目		自己チェック項目
(1)生活全般の解決するべき課題（ニーズ）が整理されているか。	52.	受け止めたニーズが漏れなくあげられているか。
	53.	ニーズの発生要因と予防を踏まえてとらえているか。
	54.	ニーズは本人および家族が自立を目指して意欲的に取り組めるようになっているか。利用者がもちあわせている可能性も課題としてとらえているか。
	55.	本人および家族に渡しても理解できる内容になっているか。
	56.	疾患に対する医学的管理の必要性がとらえられているか。
	57.	優先度の高いものから記載されているか。

(2)課題に対し長期目標、短期目標、期間が具体的に立てられているか。	58.	ニーズに合った目標が設定されているか。
	59.	達成可能な具体的な目標が設定され、期間は開始時期と達成予定時期が記入されているか。
	60.	1回目、2回目と居宅サービス計画（以下、ケアプラン）を作成していくなかでモニタリングや評価の結果を踏まえているか。
(3)それぞれの目標に対して、対策（介護内容、サービス種類、回数等）が立てられているか。検討したほうがよいと思われる対策はないか。	61.	短期目標の達成に必要な援助内容、回数、サービス種別になっているか。
	62.	援助内容には、送迎や食事、入浴（特殊浴等）、機能訓練等、加算の対象になるものが記載されているか。
	63.	サービスは、介護保険サービスに限らず、高齢者や障害者の福祉サービス、保健事業等の他制度によるサービス、家族を含むインフォーマルサービス、支援が計画されているか。
	64.	福祉用具の貸与例外給付を位置づける場合に、調査票の写し（「要介護認定等基準時間の推計の方法」別表第1の調査票について必要な部分の写し）を、同意を得たうえで市町村（保険者）から入手し検討したか。
	65.	市町村から入手した調査票の写しについて、提示することに同意を得たうえで、その内容を確認できる文書を福祉用具貸与事業者に送付したか。

4．週間サービス計画表（第3表）

自己チェック項目		自己チェック項目
(1)利用者の過ごし方を把握し、ニーズを解決するための、週間サービス計画表が立てられているか。	66.	主な日常生活の活動や週単位以外の活動が書かれているか。
	67.	課題解決に適したサービス時間や時間帯になっているか、本人および家族の生活リズム等を考慮しているか。
	68.	家族による支援も記載されているか。

5．サービス担当者会議の要点（第4表）

自己チェック項目		自己チェック項目
(1)サービス担当者との連絡調整の課題の設定はよいか。	69.	サービス担当者会議は、アセスメント結果やケアプラン等からその人の個別性に応じた具体的な課題の検討がされているか。また、連絡調整、役割分担が協議されているか。
	70.	主治医やサービス事業者との連絡調整やサービス担当者会議の開催時期が適切か。
	71.	福祉用具貸与および特定福祉用具販売をケアプランに位置づける場合、サービス担当者会議を開催し、必要な理由（ニーズ）がケアプランに記載されているか。
	72.	福祉用具貸与について、ケアプラン作成後、必要に応じて随時サービス担当者会議を開催し、継続して貸与を受ける必要性について検証したか。また、サービス担当者会議の結果、継続して福祉用具貸与を受ける必要がある場合、その理由がケアプランに記載されているか。
(2)連絡調整の相手はよいか。	73.	サービス担当者会議に本人や家族、主治医が出席しているか。会議に欠席する人がいた場合、事前に情報を得て、第4表等に記載されているか。緊密に意見交換を行い、本人の状況等についての情報やケアプラン原案の内容を共有しているか。
	74.	第4表は、サービス担当者間で必要な情報を共有する内容になっているか。（※施設は第5表）

自己チェック項目		
	75.	サービス事業者や関係機関との連携は円滑か。
(3)結論や残された課題が明確になっているか。	76.	いつまでに誰が何をするのか具体的に書かれているか。
	77.	会議で解決できず残された課題が整理されているか。
	78.	次回の開催予定が計画されているか。

6．居宅介護支援経過（第5表）

自己チェック項目		自己チェック項目
(1)居宅介護支援経過は適切に記載されているか。	79.	居宅介護支援経過には、5W1Hがわかるように記載されているか。
	80.	居宅介護支援経過には、事実のほかに介護支援専門員の判断、ケアプラン変更等の必要性について記載されているか。
	81.	新たな課題が発生した場合、適切な対応や行動が迅速にとられているか。
	82.	面接時の本人や家族の言葉等、リアルな表現で現状把握したことが記載されているか。
(2)モニタリングは適切に実施されているか。	83.	モニタリングは少なくとも1か月に1回、利用者の居宅を訪問し、利用者に面談をして行われているか。
	84.	居宅事業サービス事業所等との連絡を継続的に行っているか。
	85.	本人および家族のサービスに対する満足度、効果、サービス利用時の状況等が、本人および家族、サービス事業者等から把握されているか。
	86.	短期目標の期間に応じて進行状況と目標の達成度、サービス内容等の評価がされているか。
	87.	モニタリングの結果は、少なくとも1か月に1回、記録しているか。
(3)モニタリングの結果を踏まえケアプランに反映されているか。	88.	モニタリングの結果が利用者および家族、サービス事業者に伝えられているか。
	89.	モニタリングの結果を踏まえ、ケアプランや個別サービス計画の検討や変更がされているか。
	90.	担当者会議の結果、継続して福祉用具貸与を受ける必要がある場合、その理由がケアプランに記載されているか。

7．サービス利用票、サービス利用票別表、サービス事業者の個別サービス計画

自己チェック項目		自己チェック項目
(1)サービス利用票、サービス利用票別表について	91.	請求の分類と実績が第2表、第3表、サービス事業者の個別サービス計画の内容と一致しているか。
(2)サービス利用者の個別サービス計画はケアプランの内容を受けたものか。	92.	利用者のニーズがケアプランと個別サービス計画に連動しているか。必要なサービスが位置づけられ、計画していないサービスが提供されていないか。
	93.	サービス事業者がとらえているニーズの変化や新たなニーズについて情報提供されているか。
	94.	目標の設定は適切か、サービス内容に対する時間の設定は適切か。
	95.	本人の生活歴からとらえられた個別性に応じたサービスの内容になっているか。

8．全体を通して

自己チェック項目		自己チェック項目
全体を通して	96.	利用者の自立支援、QOLの向上、介護者の介護負担の軽減につながるケアマネジメントがなされているか。

出典：遠藤英俊監、前沢政次編集代表、3訂／介護支援専門員研修テキスト編集委員会編『3訂／介護支援専門員研修テキスト 主任介護支援専門員研修』日本介護支援専門員協会、pp.404-409、2022年を一部改変

　「自己評価表」などを用いて明らかになった自分自身の「問題」や「課題」を、指導担当者と共有し、目標を設定し自身の成長に向けた計画を立てましょう。その計画には、目標と達成時期も載せましょう。計画を立て、実践する際に最も大切なことは、介護支援専門員として求められる技能の習得に主体的に取り組むことです。その姿勢は、キャリアを重ねていった後も変わらない大切なものです。介護支援専門員としてのキャリアをスタートしたときに、ぜひ身につけておきましょう。

第 **3** 節
事業所内でのOJT
---

1 職場の規則・業務マニュアルの遵守

　業務は、職場ごとに定めた規則や業務マニュアルに則って進められます。自分の業務の範囲や指揮命令系統を理解しておくことは重要です。介護支援専門員の業務においては、個人情報の管理方法や、職員の自宅から利用者宅への直接の出勤あるいは利用者宅から自宅への帰宅などの場合の取り扱い、リモートワーク時のルール等について理解しておく必要があります。

2 ミーティングへの参加

　利用者への支援は、利用者と居宅介護支援事業所との契約により行われます。利用者の1人ひとりを介護支援専門員が担当しますが、その支援は居宅介護支援事業所の責任のもと行われます。介護支援専門員として業務を全うする姿勢は大切なことですが、1人で支援の難しさ等の悩みを抱え込んでしまうことで、結果として利用者に適切な支援がなされない可能性もあります。あるいは、事業所内で利用者に関する情報共有が十分にされないばかりに、必要な連絡がされず、利用者に不利益がもたらされる可能性もあります。ここでは、ミーティングにのぞむ際の留意点を示します。

【始業時】
- 今日の自分の予定を伝える。

  （訪問予定の利用者名・時間・訪問の目的と内容、ケアプランの作成等）
- 業務の進め方や注意すること、優先順位などがわからないときは、予定していることを伝え、判断を仰ぐ。
- ほかの職員の予定や申し送りを聞き、その職員が不在の場合の対応方法を理解する。

【終業時】
- 始業時のミーティングで伝えた予定の進捗状況を報告する。
- 翌日、自分が不在のときのサービス調整等について伝言する。
- 1日の業務のなかで、わからなかったことを相談する。

3 情報の受け取りと伝達

　介護支援専門員が支援を行うときの大切なこととして、ありのままの情報を受け取ること、正しい情報を伝えることがあります。この積み重ねが、利用者や家族、支援に携わるさまざまな人たちとの信頼関係の基礎になります。情報の受け取りや伝達はさまざまな方法によって行われています。それぞれの方法を使用するときの留意点を示します。

【電話】

- 応答するときには、必ず事業所名や名前を相手に伝える。
- 声は、適切な大きさや速さで、聞き取りやすいトーンや明瞭な発音にする。
- 丁寧な言葉遣いをする。
- 用件は端的にわかりやすく伝える。
- 伝言を承るときには相手の話をメモに取り復唱する。
- 話を一時保留する場合や電話を転送する場合の操作を覚える。

【FAX】

- 機器の操作方法を覚える。
- 利用者の情報を送信するときは、不必要な個人情報にマスキング処理をする。
- やむを得ず個人情報にマスキング処理をしない場合は、FAX受信者に受け取り後、文書を受け取った旨を直ちに送信者に電話で伝えてもらうように依頼する。

【メール等】

- 事業所で使用しているメールソフトの使用方法を覚える。
- 個人情報を掲載した文書、写真、動画などを送信する際の事業所における個人情報管理のルールを理解する。
- メールやSNSの使用方法について事業所が定めたルールを理解する。

【リモートミーティング】

- 事業所が使用しているリモートミーティングソフトの使用方法を覚える。
- カメラに事業所内の個人情報が映っていないかを確認する。
- 使用するマイクに事業所内のほかの職員の声が入っていないかを確認する。

 ケアマネジメントに使用するパソコンの操作

　ケアマネジメントの各プロセスの作業の多くはパソコンで行われ、各ソフト会社の専用のソフトが使用されます。そのため作業ごとの入力方法を覚える必要があります。基本情報、課題分析、ケアプラン、サービス担当者会議の要点、モニタリング、支援経過の入力方法を習得しましょう。

第 **4** 節

事業所外でのOJT

1 同行訪問とは

　介護支援専門員の業務の多くは、事務所を離れ、利用者宅や介護サービス事業所、医療機関等の関係機関などに1人で出かけて行われます。場面や状況に応じて臨機応変に対応するには、マニュアルだけでは十分にイメージすることが難しいものです。

　なお、支援にあたっては身体も大切なツールになります。具体的には、利用者や家族との信頼関係を築くためにふさわしい立ち居振る舞い、言葉遣い、声の大きさやトーン、視線の動かし方、首の動かし方、手の位置などです。これらを習得するための方法の1つが「同行訪問」です。

2 同行訪問の目的

　専門職として習得する技能には、さまざまなものがあります。その技能を確かなものとするには意図をもった取り組みを、段階的に繰り返し行うことが有効です。同行訪問は、「教わる人」の技能のレベルに合わせて「OJT指導者の動きを見て学ぶ」「OJT指導者が同席し、教わる人が事柄の一部を行ってみる」「OJT指導者が同席し、教わる人がひととおりすべてを行ってみる」などの過程を経ながら、技能の習得状況や習熟度、次に取り組むべき課題を確認するために行われます。

3 同行訪問の場面

　ケアマネジメントのプロセスに沿って同行訪問でどのようなことが示され、何を習得する必要があるのかみていきましょう。

❶ 契約（利用者宅または事業所）

表2-3 **目的**

研修初期	● 居宅介護支援事業所が新規利用者を担当することを決めるまでの手順を知る ● 居宅介護支援事業所内で新規利用者を担当する介護支援専門員を決めるまでの手順とルールを知る
研修中間期	● 指導担当者の確認のもと、訪問前の準備作業ができる
研修目標達成期	● 訪問前の準備作業ができる

表2-4 **達成目標**

研修初期	訪問前の準備作業を知る	【利用者に関すること】 ● 利用者宅の場所の確認方法を知る ● 利用者宅への訪問日時の調整の電話連絡の仕方を見る （あいさつの仕方、訪問日時への配慮、面談に要する時間、駐車場所の確認など） 【訪問時の持ち物等に関すること】 ● 必要な持ち物を知る （居宅介護支援事業所のパンフレット、名刺、介護支援専門員証、契約書、重要事項説明書、居宅サービス計画作成依頼届出書など）
	訪問時	● 玄関での振る舞いを見る ● 訪室時の振る舞いを見る ● 介護支援専門員の自己紹介の様子を見る ● 居宅介護支援事業所の役割の説明を見る ● 介護支援専門員の役割の説明を見る ● 契約書、重要事項説明書の説明の手順や留意点を見る ● 個人情報の取り扱いの説明を見る
研修中間期	訪問前の準備作業を知る	【利用者に関すること】 ● 利用者宅の場所の確認ができる ● 利用者宅への訪問日時の調整の電話連絡ができる （あいさつの仕方、訪問日時への配慮、面談に要する時間、駐車場所の確認など） 【訪問時の持ち物等に関すること】 ● 必要な持ち物を準備できる （居宅介護支援事業所のパンフレット、名刺、介護支援専門員証、契約書、重要事項説明書、居宅サービス計画作成依頼届出書など）
	訪問時	● 玄関で適切な振る舞いができる ● 訪室時に適切な振る舞いができる ● 適切に介護支援専門員の自己紹介ができる ● 居宅介護支援事業所の役割について説明ができる ● 介護支援専門員の役割について説明ができる ● 契約書、重要事項説明書について説明ができる ● 個人情報の取り扱いについて説明ができる
研修目標達成期	訪問時	以下について、利用者が理解できるようにわかりやすく説明し、また、利用者が理解できたかを確認できる ● 居宅介護支援事業所の役割について説明ができる ● 介護支援専門員の役割について説明ができる ● 契約書、重要事項説明書について説明ができる ● 個人情報の取り扱いについて説明ができる

❷ アセスメント（情報収集）（利用者宅）

表2-5 **目的**

研修初期	● 利用者宅の場所と社会資源との位置関係の情報をどのように収集するのかを見る ● 利用者宅の玄関に至るまでの環境についてどのように情報を収集するのかを見る ● 利用者宅の玄関から生活動線による間取りをどのように把握するのかを見る ● 居間における利用者の座る位置にどのような意味があるのかを確認することを見る

研修中間期	● 利用者宅の場所と社会資源との位置関係の情報を収集できる
	● 利用者宅の玄関に至るまでの環境について情報を収集できる
	● 利用者宅の玄関から生活動線による間取りについて把握できる
	● 居間における利用者の座る位置にどのような意味があるのかを確認できる
研修目標達成期	● 利用者宅の場所と社会資源との位置関係をもとに、自宅からその資源までのアクセス方法や活用頻度、あるいは活用のしづらさなどの情報を収集できる
	● 利用者宅の玄関に至るまでの環境から、移動動作や外出頻度の変化などに合わせて情報を収集できる
	● 利用者宅の玄関から生活動線による間取りについて把握し、利用者が生活行為を行う場所、1日の過ごし方などにかかわる情報を収集できる
	● 居間における利用者の座る位置、家族が座る位置などから、本人の家庭における役割や意思決定のキーパーソンなどを関連づけて把握できる

表2-6 達成目標

研修初期	● アセスメントで行うことを利用者や家族にどのように説明するのかを見る
	● 課題分析標準項目をどのような順番で情報収集するのかを見る
	● プライバシーに深く踏み込んだ事柄（病歴・生活歴・経済状況など）をどのように聞き取っているのかを見る
	● 事業所が使用しているアセスメントツールにどのように記入しているのかを見る
	● 利用者や家族の非言語的コミュニケーションをどのように汲み取っているのかを見る
	● 面接の技法をどのように活用しているのかを見る
研修中間期	● アセスメントで行うことを利用者や家族に説明できる
	● 課題分析標準項目を踏まえて必要な情報を漏れなく聞き取ることができる
	● プライバシーに深く踏み込んだ事柄（病歴・生活歴・経済状況など）を配慮しながら聞き取ることができる
	● 事業所が使用しているアセスメントツールに必要な事柄を記入できる
	● 利用者や家族の非言語的コミュニケーションにも目を向けることができる
	● 意識的に面接技法を活用することができる
研修目標達成期	● アセスメントで行うことを利用者や家族にわかりやすく説明することができる
	● 課題分析標準項目を踏まえて必要な情報を漏れなく聞き取ることができる
	● プライバシーに深く踏み込んだ事柄（病歴・生活歴・経済状況など）を配慮しながら聞き取ることができる
	● 事業所が使用しているアセスメントツールに必要な事柄を記入できる
	● 利用者や家族の非言語的コミュニケーションにも目を向けることができる
	● 願望にとどまらず、ニーズに対する情報収集ができる
	● 意識的に面接技法を活用できる

❸ アセスメント（課題分析）（利用者宅または事業所）

表2-7 達成目標

研修初期	● 利用者・家族の生活に対する意向を確認する方法を見る
	● 居宅介護支援事業所が使用するアセスメントツールによる課題分析の手順を知る
研修中間期	● 利用者・家族の生活に対する意向を確認する
	● アセスメントツールを使用して課題分析ができる
研修目標達成期	● 利用者・家族の生活に対する意向を過不足なく確認できる
	● ほかの専門職の見解を踏まえ、アセスメントツールを使用して課題分析ができる

④ ケアプランの作成および説明（利用者宅または事業所）

表2-8 **達成目標**

研修初期	● 居宅サービス計画書（第1表）の記載要領を見る ● 居宅サービス計画書（第2表）の記載要領を見る 　ニーズに対する、長期目標、短期目標の設定の考え方を知る 　サービス内容、サービス種別、利用事業所の選定の考え方を知る ● 週間サービス計画表（第3表）の記載要領を見る ● サービス利用票（第6表）、サービス利用票別票（第7表）の記載要領と記載されている単位数の説明を見る
研修中間期	● 居宅サービス計画書（第1表）に適切に記載できる ● 居宅サービス計画書（第2表）に適切に記載できる ● 収集した課題分析標準項目に基づいた課題分析の結果から、ニーズ・長期目標・短期目標を適切に立てることができる ● 居宅サービス計画書（第3表）に適切に記載できる
研修目標達成期	● 利用者の意向を踏まえた課題分析の結果をもとに、ケアプランが作成できる ● 作成したケアプランの内容をわかりやすく説明でき、かつ利用者主体のもと合意形成ができる 　（目標設定、サービス内容、位置づけたサービス種別、頻度、曜日・時間など）

⑤ サービス担当者会議（利用者宅）

表2-9 **達成目標**

研修初期	● 会議の開催に関する調整の手順や検討事項の設定の考え方を知る 　（開催日時の設定、参加者の検討、出席依頼の方法、会議での検討事項の選定など） ● 会議の進行方法を見る 　利用者に配慮した進行方法を見る 　（席次、わかりやすい説明と進行、利用者の代弁） 　検討内容の整理方法を見る 　結論と役割分担の確認方法を見る
研修中間期	● 利用者宅で開催するサービス担当者会議の開催準備ができる 　（適切な開催日時の設定、参加者の検討、参加者の調整、会議での検討事項の選定など） ● 利用者を中心に、検討事項に沿った会議の運営ができる 　わかりやすい説明と進行ができる 　利用者の代弁ができる ● 目的をもった会議の運営ができる 　予定していた検討事項について会議を進行できる 　結論と役割分担が確認できる
研修目標達成期	● インフォーマルな支援者が参加する場合、個人情報を適切に管理できる ● 退院前などに病院で実施するサービス担当者会議を病院の担当者と連携して開催できる ● がん末期のほか、ターミナル期にある利用者のサービス担当者会議を開催できる ● 結論を導き、参加者の専門性を踏まえて役割を分担し、残された課題についても確認できる

⑥ モニタリング（利用者宅）

表2-10 **達成目標**

研修初期	● モニタリングをする事項を知る （利用者からの聞き取り方、家族からの聞き取り方、目標達成の確認方法） ● モニタリング結果から、支援体制の見直しの要否を判断する考え方を知る
研修中間期	● ケアプランに沿ってモニタリングができる ● モニタリング結果を踏まえ、目標の見直しの必要性を判断できる
研修目標達成期	● モニタリング結果と個別サービス計画の評価から、支援の効果を確認できる ● 再アセスメントにつなげる際、ほかの専門職による評価を得ることができる

⑦ 医療機関の訪問

表2-11 **達成目標**

研修初期	● 医療機関ごとの情報伝達の方法や担当者を知る ● 外来受診に同席する場合の留意点を知る ● 入院時の情報伝達の手順やルールを知る ● 退院に向けた連携調整の手順を知る
研修中間期	● 医療機関ごとのルールに則った情報伝達ができる ● 外来受診に同席し、利用者や医療機関と情報を共有できる ● 医療系サービスの導入について適切な手順で調整できる ● 退院に向けた連絡調整の手順がわかる ● 居宅療養管理指導の導入の手順がわかる
研修目標達成期	● 日常の生活上の変化について、医療機関と必要な情報を共有できる ● 入院時の情報伝達時に、利用者の生活像や大切にしていることなども含めて情報の提供ができる ● 医療機関ごとに定められた手順に則って、担当者に連絡することができる

⑧ サービス提供事業所

表2-12 **達成目標**

研修初期	● 事業所の所在地、サービス提供範囲、サービス提供時間、担当者、加算算定状況などを知る ● 新規の利用者の情報をどのように提供するのかを知る ● ケアプランに掲載されている支援にかかわるチーム内で、介護支援専門員がどのように情報を共有しているのかを知る
研修中間期	● 新規の利用者の情報を適切に提供できる ● 1つの事業所から寄せられた情報を、支援にかかわるチーム内で適切に共有できる
研修目標達成期	● 1つの事業所から寄せられた情報に対し、対応の緊急性や支援チーム内で情報を伝達する優先順位を判断できる ● 事業所から寄せられた情報をもとに、モニタリング時に確認する事柄がわかる。また、その情報から利用者の状態の変化を予測できる

⑨ 地域包括支援センター

表2-13　達成目標

研修初期	● 地域包括支援センターの所在地、担当している圏域、開所時間、担当者などを知る ● 事例検討会を見学する ● 支援に困難が生じ、支援がなかなか進まない利用者に対する相談の手順を知る ● 高齢者虐待の通報の手順を知る ● 市町村と地域包括支援センターの役割の違いを知る
研修中間期	● 事例検討会に参加する ● 支援に困難が生じ、支援がなかなか進まない利用者に対する相談の手順がわかる ● 高齢者虐待の通報と担当介護支援専門員としての役割を理解する ● 地域包括支援センターの主任介護支援専門員の役割がわかる
研修目標達成期	● 事例検討会へ事例提供する ● 支援の困難さには支援者の専門性に拠るところと環境等に拠るところがあることが整理できる ● 高齢者虐待のケースについて、支援チーム内で担当介護支援専門員として担う役割が理解でき、養護者を支援する担当者と連携できる

⑩ 地域ケア会議

表2-14　達成目標

研修初期	● 地域ケア会議の機能を知る ● 地域ケア会議を見学する ● 地域（圏域）が抱える課題を知る
研修中間期	● 地域ケア会議に参加し、介護支援専門員としてネットワークを広げる ● 地域（圏域）にある資源やストレングスがわかる
研修目標達成期	● 地域ケア会議で得た知識やネットワークを、個別のケースの支援に活用できる ● 地域（圏域）が抱える課題の背景や原因がわかる

4 同行訪問の際の心構えと留意点

　専門職としての介護支援専門員であること以前に、社会人あるいは人としての適切なマナーをもって訪問することを忘れないようにします。

　その同行訪問でどのような学びを目的としているのか、同行訪問の前に指導担当者に確認しましょう（表2-15）。同時に、その目的について自分自身の「わかること」「わからないこと」「できること」「できないこと」を確認しておきます。特に「わからないこと」「できないこと」は、どの部分がわからないのかを確認し、指導担当者と共有しておきましょう。

表2-15　同行訪問の際の留意点

同行訪問の目標	ケアマネジメントプロセスにおいて、その場で自分がどのような意図をもって、利用者や家族へどのようなはたらきかけをしようとしているのかわかる
同行訪問の前に確認しておきたいこと	● 利用者・家族（介護者）の状況 ● ケアマネジメントのプロセスに応じた、必要な書類や物品 ● 訪問の目的や習得目標 ● 訪問の目的や習得目標を踏まえた、面接などの進め方 　（訪問のリハーサル）
同行訪問の際に気をつけること、大切にしたいこと	● 社会人としてふさわしいマナーを考えた振る舞いをする ● 指導担当者が行っていることの意味を理解しながら観察する 　どのような意図をもって面談に臨んでいるのか、その意図を踏まえてどのように面談を深めているのか 　利用者・家族への言葉のかけ方、表情、視線、言葉の受け止め方など ● 習得目標を理解して実践する

5　同行訪問の振り返り

❶ 振り返りの重要性

　振り返りの機会を通して、理解したことや行えたこと、あるいは理解できなかったことや行えなかったことを言葉や文書にまとめ、自身の取り組みを客観視することで、自身の気づきにつなげます。また、指導担当者と面談を行い、面談を通じて自身では気づかない、習得できていること、自身のよさや強み、課題を知ることができます。その過程は、技能を確実に身につけるためにとても重要です。

❷ 振り返りの方法・留意点

　訪問前の目標に照らし合わせて、達成することができたかどうかを確認します。その際、問題点があればその解決方法を相談し、また不安があれば、そのことも併せて話ができるとよいでしょう。最後に、次回の目標を設定して同行訪問の振り返りを終了します。

第3章

ケアマネジメント

ケアマネジメントプロセスや医療との連携、事例検討会・地域ケア会議について解説していきます。

第1節から第6節では、ケアマネジメントにかかわる用語やケアマネジメントプロセスについて解説します。さらに、第7節から第9節では医療との連携や事例検討会・地域ケア会議について解説していきます。

ケアマネジメントを行ううえでの理解を深め、法令遵守を意識した実践に活かしていきましょう。

第 ❶ 節
ケアマネジメント
---

1 ケアマネジメント

　介護支援専門員実務研修の科目などを定めた告示（厚生労働大臣が定める介護支援専門員等に係る研修の基準（平成18年３月31日厚生労働省告示第218号））において、ケアマネジメントは「居宅介護支援、施設における施設サービス計画の作成、サービスの利用援助及び施設サービス計画の実施状況の把握並びに介護予防支援をいう」とされています。

2 居宅介護支援

　居宅介護支援とは、居宅の要介護者に対するケアマネジメントをいいます。介護保険法第８条第24項において規定されています。その内容は、おおむね①居宅サービス計画（以下、ケアプラン）の作成、②サービス事業者との連絡調整、③介護保険施設の紹介の３つがあげられます。

❶ ケアプランの作成

　利用者・家族が居宅サービス、地域密着型サービス、その他の居宅において日常生活を営むために必要な保健医療サービスまたは福祉サービスの適切な利用等をすることができるよう、利用者・家族の依頼を受けて、その心身の状況、そのおかれている環境、利用者およびその家族の希望等を勘案し、ケアプランの作成を行います。

❷ サービス事業者との連絡調整

　ケアプランに基づく居宅サービス等の提供が確保されるよう、サービス事業者その他の者との連絡調整、その他の便宜の提供を行います。

❸ 介護保険施設の紹介

　利用者が介護保険施設等への入所を要する場合には、介護保険施設への紹介その他の便宜の提供を行います。

3 介護支援専門員（ケアマネジャー）の役割

　介護支援専門員については、介護保険法第７条第５項において、要介護者等からの相談に応じ、要介護者等がその心身の状況等に応じ適切なサービスを利用できるよう、市町村、サービス事業者等との連絡調整等を行う者と定義されています。

　ケアマネジメントで重要なのは、１人ひとりの要介護者等の解決すべき課題や状態に即した「利用者本位の介護サービス」が適切かつ効果的に提供されるように調整を行うことであり、介護支援専門員はその責任を負っています。

4 ケアマネジメントプロセス

　ケアマネジメントプロセス（図3-1）は、アセスメント抜きにケアプラン原案が作成される、サービス担当者会議なしにケアプランが決定される、ケアプランなしにサービスが提供されてモニタリングが行われるということはありません。ただし、１つのプロセスが終了しないと次のプロセスに進めないというわけではありません。時間の経過とともに重層的に展開されていくものです。

　例えば、インテークでは、相談だけではなくアセスメントが同時に行われています。ただし、アセスメント抜きにケアプランが作成されることはありません。

　各プロセスについては第２節から第６節で詳述します。

図3-1　ケアマネジメントプロセス

出典：遠藤英俊監、前沢政次編集代表、3訂／介護支援専門員研修テキスト編集委員会編『3訂／介護支援専門員研修テキスト 専門研修課程Ⅰ』日本介護支援専門員協会、p.23、2021年

第❷節
アセスメント

1 アセスメントとは

　アセスメントとは、一般的に「評価・査定・見積り」とされています（広辞苑 第7版）。

　一方、介護保険制度では、「解決すべき課題の把握」をアセスメントとしています（指定居宅介護支援等の事業の人員及び運営に関する基準（以下、運営基準）第13条第7号）。

　「解決すべき課題の把握」については、利用者の「有する能力、既に提供を受けている指定居宅サービス等のその置かれている環境等の評価を通じて利用者が現に抱える問題点を明らかにし、利用者が自立した日常生活を営むことができるように支援する上で解決すべき課題を把握しなければならない」とされています（運営基準第13条第6号）。

　また、アセスメントにあたっては、「利用者の居宅を訪問し、利用者及びその家族に面接して」行わなければならず、その場合、「介護支援専門員は、面接の趣旨を利用者及びその家族に対して十分に説明し、理解を得なければならない」とされています（運営基準第13条第7号）。

　なお、アセスメントの結果について記録しなければなりません（指定居宅介護支援等の事業の人員及び運営に関する基準について（以下、解釈通知）第2-3-(8)-⑦）。

　「解決すべき課題の把握」のために、①利用者の情報収集、②利用者の課題分析を行います。

　課題分析とは、「利用者の有する日常生活上の能力や利用者が既に提供を受けている指定居宅サービスや介護者の状況等の利用者を取り巻く環境等の評価を通じて利用者が生活の質を維持・向上させていく上で生じている問題点を明らかにし、利用者が自立した日常生活を営むことができるように支援する上で解決すべき課題を把握すること」であり、課題分析にあたっては、「利用者の生活全般についてその状態を十分把握することが重要である」とされています（解釈通知第2-3-(8)-⑥）。

　なお、当該課題分析は、「介護支援専門員の個人的な考え方や手法のみによって行われてはならず、利用者の課題を客観的に抽出するための手法として合理的なものと認められる適切な方法」を用いなければなりません（解釈通知第2-3-(8)-⑥）。

　また、「利用者やその家族との間の信頼関係、協働関係の構築が重要であり、介護支援専門員は、面接の趣旨を利用者及びその家族に対して十分に説明し、理解を得なければならない」とされています。なお、介護支援専門員には、「面接技法等の研鑽に努めること」が求められています（解釈通知第2-3-(8)-⑦）。

2 アセスメントの基本

❶ アセスメントの思考過程

　社会資源を活用して自立した生活を目指すのは利用者自身ですから、アセスメントを通して利用者も自身の現状や課題を理解して、自身が望む暮らしに向けたあり方を自己決定していく必要があります。そのため、アセスメントは、介護支援専門員と利用者が協働で行う作業ということができます（図3-2）。

図3-2　アセスメントの思考過程

❷ アセスメント情報

　介護支援専門員が、アセスメントを行ううえで収集する情報の項目については、「介護サービス計画書の様式及び課題分析標準項目の提示について」（平成11年11月12日老企第29号）で、「基本情報に関する項目」として9項目、「課題分析（アセスメント）に関する項目」として14項目が提示されています。通知には「介護サービス計画の適切な作成等を担保すべく標準例として提示するものであり、当該様式以外の様式等の使用を拘束する趣旨のものではない」とあります。しかし、解釈通知第2-3-(8)-⑥に「当該課題分析は、介護支援専門員の個人的な考え方や手法のみによって行われてはならず、利用者の課題を客観的に抽出するための手法として合理的なものと認められる適切な方法を用いなければならないものである」とあるように、適切な方法には23項目が必ず備わっていることが求められています。

　アセスメントに必要な情報には、客観的事実と主観的事実があります。

　客観的事実は、利用者自身に起こった、または起こっていることで、誰の目からみても事実である事柄に対し、主観的事実は、起こったこと、起こっていることに対し利用者がどう感じているかといった、本人にしかわからない事実のことです。

　例えば、糖尿病のあるAさんの場合、「Aさんは糖尿病でHbA１cが10.0％」は客観的事実です。一方、「HbA１cを7.0％以内に安定させたい」は主観的事実です。介護支援専門員は、客観的事実だけでなく、Aさんと家族がこれからHbA１cがどうなったらよいと思っているか、食生活や運動などの治療について医師の指示をどのようにとらえているかといった主観的事実を確

認します。

　主観的事実について考えるときは、「できる限り医師の指示を守ってHbA１cを7.0％くらいまでコントロールし、いつまでも家族と一緒に元気に過ごしたい」という本人の主観的事実と、「これ以上我慢した生活を続けることは家族のストレスも大きいので、これからも食事や運動の支援をしっかりとしていきたい」という家族の主観的事実の両方が重要です。

　主観的事実である本人や家族の思い、考えは、その後の支援の方向性に影響を与えます。

　第１節のケアマネジメントプロセスでも説明したように、アセスメントはインテークのときから始まりますが、介護支援専門員が収集した情報だけでなく、多職種から集めた専門的な意見も重要です。利用者の課題は生活上の困りごとだけでなく、健康に関すること、活動や参加に関することなど多岐にわたります。そのために医療職やそれまでかかわりのあったインフォーマルな人から得た、さまざまな情報をもとにして、利用者の望む暮らしの実現に向け、何を目標としてどのような社会資源を活用するとよいのかを利用者・家族と多職種が話し合い、選択していくことが重要です。

❸ 情報分析（課題整理）

　利用者等から得た情報を踏まえ、どのような支援を行うと、どのような生活が可能になるかを考えることは、生活全般の解決すべき課題（以下、ニーズ）を導き出すうえでとても大切です。

　ニーズを解決することで、利用者がより自立的で尊厳を保った質の高い生活を送ることが可能になると考えるからです。

　例えば、Aさんの「HbA１cを7.0％以内にコントロールしたいから、看護師の助言を受けたい」という訴えを、そのままケアプランに位置づける（サービス優先主義）のでは、アセスメントができていないことになります。

　介護支援専門員は、Aさんの「看護師の助言を受けたい」という訴えを身体・精神・環境の多方面から分析して、「HbA１cを7.0％以内に保って、家族と一緒に外食や旅行を楽しむ生活を送りたいので、看護師の助言を受けたい」という意向をもっていることを確認する必要があります。利用者の強みである「ストレングス」を意識し、そのうえでどのような支援であれば本人の希望を達成することができるのか、多職種の意見も踏まえて検討しましょう。多職種から意見を聴くことで、利用者の状態の悪化の防止または悪化のスピードを遅らせることにつながります。

　課題分析にあたっては、以下のような点に留意する必要があります。

- 表面に現れている訴えや現象だけを「問題」としてとらえるのではなく、問題を引き起こしている原因や背景を明らかにすることで、「真の課題」をとらえる（ニーズ優先主義）
- 目にみえている問題は複数の要因が相互に関連し合って１つの現象を示しているので、

その相互関連を明らかにする

- 利用者に起こり得る危険性を予測することにより、潜在化している課題をとらえて、課題の見落としを防ぐ
- 利用者や家族が希望するニーズのみに対応するのではなく、専門職としての知識と技術をもとにして分析を行い、課題をとらえる
- 利用者本人の支援だけでなく、家族支援の視点ももつ
- 緊急事態の予測やリスクマネジメントに配慮する

アセスメントを単なる情報収集で終わらせず、専門職として判断した根拠を言語化し、説明できることが重要です。

3 「問題」「問題点」「課題」

このようにアセスメントは、単に利用者の情報を収集することだけではありません。

問題点を明らかにして、利用者が自立した日常生活を営むことができるように支援するうえで解決すべき課題を把握する課題分析までを指しています。課題分析には、利用者やその家族との信頼関係、協働関係の構築が重要で、介護支援専門員は面接の趣旨を十分に説明し、理解を得ることが重要です。

ケアプランの作成には、アセスメントが必須であり、アセスメント結果について記録するとありますから、ケアプランの数だけアセスメント記録があるということを理解しましょう。

ここで、「問題」「問題点」「課題」について整理しておきましょう。

- 問　題：あるべき姿（理想）と現状とのギャップであり、発生しているネガティブな事柄です。
- 問題点：「問題」の一部であり、改善可能なこと、手を打つことができることを洗い出したものです。
- 課　題：解決しなければならない問題で、目標と現状の差を埋めるために、やるべきこと、やると決めたことで、ネガティブな事柄を解決するために行うこと、ポジティブな表現で自分の意志が入ったものになります。

例えば、糖尿病のあるAさんの場合、HbA1cを7.0％以下に維持することがあるべき姿です。HbA1cが10.0％の現状は、血糖コントロールが適切でなく、これが「問題」となります。「問題点」は、食事療法が守れない、運動をしない、医師の指示どおりインスリン注射ができないことになります。「課題」は、食事バランスをよくするにはどうしたらよいか、定期的に運動するにはどうしたらよいか、インスリン注射が1人でできるようになるためにはどうしたらよいかということになります。

4 生活課題を明確にする

アセスメントは、生活課題を明確にするものですから、利用者の全体像を理解することがとても大切です。

利用者は「身体」や「こころ（精神）」をもち、「社会」との関係をもって生活しており、「身体」「精神」「社会」が一体となった存在です。利用者の抱える生活上の困りごとは、1つの原因だけで発生しているのではなく、さまざまな要因が相互に関連して起こっています。「利用者に何が起こっているのか」を理解するためには、「その背景に何があるのか」を明らかにする必要があります（図3-3）。

利用者が歩んできた人生はどれ1つとして同じものはなく、その人特有の歴史（生活史）の積み重ねです。利用者の「その人らしさ」を知るために、介護支援専門員は利用者の全体像を理解することが欠かせません。

また、利用者の自立支援と尊厳の保持は、介護保険制度全体を貫く理念です。

利用者の望む暮らしを実現するための支援にあたっては、利用者が主体的になって選び、積極的に生きていくことが尊厳の保持へとつながります。

利用者の主体性を考えるときに「役割」の視点は大切です。人は役割を担いながら生活をしています。しかし、何らかの障壁によりその役割を果たすことが難しくなることが少なくありません。生活機能の維持・向上を活用して「役割の再構築や新たな役割の獲得」という、社会への参加を通した「生活の質（QOL）の維持・向上」を図ることが求められます。

その際、必要な援助（介護保険サービスだけでなく、インフォーマルな支援を含む）を利用した場合に、現状がどのように改善していくのか、もしくは維持できるのか、また、病状などによっては悪化する可能性があるかどうかなど、予後予測することが重要です。

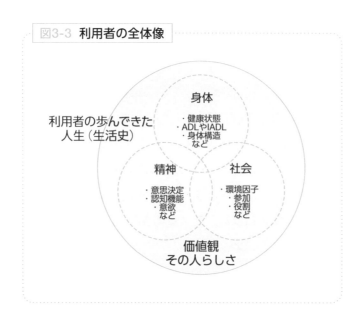

図3-3 利用者の全体像

最後に、「リスク管理」の視点を忘れてはいけません。利用者は要介護（要支援）状態になるという保険事故により保険給付を受けています。そのため、身体的な機能の低下や精神的なダメージを受けて意欲が低下し、生活機能の低下をきたしています。これらは悪循環を生み、利用者の自立を阻害する要因（リスク）となります。介護支援専門員はリスクの軽減のための視点をもち、ケアマネジメントを行う必要があります。

Column 「自立」と「自律」の違い

　「自立」には、①身体的自立、②経済的自立、③社会的自立、④精神的自立の4つがあります。
①　身体的自立：生活全般をすべて自身でこなすことができること（ADL、IADL）
②　経済的自立：自分の力で生活費を稼ぎ、そのなかできちんと生活をすること
③　社会的自立：自分をある程度確立させて家族以外の他人と、ある程度つき合っていけること
④　精神的自立：自らの人生や生活のあり方を自らの責任において決定、または自らが望む生活目標や生活様式を選択して生きること

　介護保険における自立支援は、介護保険法第1条に介護保険の目的として位置づけられています。

　要介護者が日常生活で介助者によるケアが必要だったとしても、自らの人生や生活のあり方を自らの責任において決定する、または自らが望む生活目標や生活様式を選択して生きることを「自立」とみなしており、いわば自己決定権を行使しつつ、生活主体者として生きる行為を自立生活とする理念です。

　一方、「自律」とは、「自分の行為を主体的に規制すること。外部からの支配や制御から脱して、自身の立てた規範に従って行動すること」とされています（広辞苑 第7版）。自律のためには、ぶれない判断や行動につながる自らの価値観・信念が重要です。相談支援にあたり、利用者理解は欠かせません。利用者の価値観や信念を自らの言葉で語ってもらうことで、利用者理解を深めることができ、また利用者自身も自律性を高めることができるでしょう。

Column 課題整理総括表

　課題整理総括表（第5章参照）は、2013（平成25）年1月にとりまとめられた「介護支援専門員（ケアマネジャー）の資質向上と今後のあり方に関する検討会」における中間整理で、「適切なアセスメント（課題把握）が必ずしも十分ではない」「サービス担当者会議における多職種協働が十分に機能していない」「ケアマネジメントにおけるモニタリング、評価が必ずしも十分ではない」といった課題の指摘を受け、2014（平成26）年3月に提示されました。

　課題整理総括表は、介護支援専門員が把握した要介護者等の基本的な情報を多職種間で共有するとともに、専門職である介護支援専門員としてどのような考えで要介護者等の「生活全般の解決すべき課題（ニーズ）」を導き出したのかの過程を可視化するためのツールです。課題整理総括表の「見通し」欄を整理することをきっかけに、多職種間の連携やOJTにおける助言・指導等を実施しやすくすることをねらいとしています。

　「状況の事実」には、「服薬」「排泄」「口腔」「褥瘡・皮膚の問題」を除くと、健康状態に関する項目が少ないので、医療的視点が漏れやすくなります。必要に応じて項目を追加して活用するとよいでしょう。また、「見通し」は、利用者のマイナス面の評価だけでなく、利用者の強みであるプラス面の評価も加えたものにすることが大切です。

第3節

居宅サービス計画（ケアプラン）の作成

1 居宅サービス計画（ケアプラン）

ケアプランは利用者・家族の生活ニーズを解決し、望む暮らしの実現のために作成されますが、サービス担当者会議で検討されて同意を得るまでは原案（たたき台）であることを忘れてはいけません。

解釈通知第2-3-(8)-⑧にあるように、介護支援専門員は、ケアプランが利用者の生活の質に直接影響するものであることを十分に認識し、ケアプラン原案を作成しなければなりません。

なお、ケアプランに用いられる様式は、表3-1にあるとおりです。第1表から第7表は、国によって標準例として提示されたものです。

表3-1 **ケアプランに用いられる様式**

- 第1表 居宅サービス計画書（1）
- 第2表 居宅サービス計画書（2）
- 第3表 週間サービス計画表
- 第4表 サービス担当者会議の要点
- 第5表 居宅介護支援経過
- 第6表 サービス利用票（兼居宅サービス計画）
- 第7表 サービス利用票別表

ケアプラン原案を作成する目的は、以下のとおりです。

- 利用者の望む暮らし、尊厳の保持と自立した生活を実現するための利用者および家族の生活に対する意向を明確にする。
- 利用者の望む暮らし、尊厳の保持と自立した生活を実現するための総合的な援助の方針の提案と確認をする。
- 利用者の望む暮らし、尊厳の保持と自立した生活を実現するための課題と課題に対する目標、目標達成のための具体策（手段）の提案と確認をする。
- 手段を実施する担当者や実施期間を明確にする。
- 利用者・家族の日常生活上の活動に配慮した支援を提供するためのスケジュールや手順などを明確にする。
- 支援担当者、実施機関、事業所等の調整を行う。

ケアプランは、効果的かつ実現可能な質の高いものである必要があります。原案として作成

したケアプランを、サービス担当者会議において検討し、同意を得て利用者が署名をすることで、ケアプランが確定となります。

2 第1表 居宅サービス計画書（1）

❶ 利用者及び家族の生活に対する意向を踏まえた課題分析の結果

2021（令和3）年3月に標準様式の見直しがあり、「利用者・家族の生活に対する意向」が「利用者及び家族の生活に対する意向を踏まえた課題分析の結果」に変更されました。その記載要領も、「利用者及びその家族が、どのような内容の介護サービスをどの程度の頻度で利用しながら、どのような生活をしたいと考えているのかについて課題分析の結果を記載する」であったものが、「利用者及びその家族が、どのような内容の介護サービスをどの程度の頻度で利用しながら、どのような生活をしたいと考えているのか意向を踏まえた課題分析の結果を記載する。その際、課題分析の結果として、『自立支援』に資するために解決しなければならない課題が把握できているか確認する。そのために、利用者の主訴や相談内容等を踏まえた利用者が持っている力や生活環境等の評価を含め利用者が抱える問題点を明らかにしていくこと」とされました（下線部が改正箇所）。

これは、意向は単に本人が自覚しているニーズや表明されているニーズを記載するのではなく、利用者・家族の目指す姿（望む暮らし）と現状のギャップである「問題」をとらえ、利用者・家族の望む暮らしを実現するための目標や目標達成のための手段を分析した課題分析結果を、合意形成した意向（リアルニーズ）へと導いた結果を記載するということになります（図3-4）。

利用者およびその家族の生活に対する意向は、誰の意見かわかるように区別し、例えば（妻）（長男）のように明記します。また、さまざまな事情で表面化できない双方の意向の違いは、「第5表 居宅介護支援経過」にその内容を記載しておきましょう。

❷ 介護認定審査会の意見及びサービスの種類の指定

介護保険被保険者証を確認し、「介護認定審査会の意見及びサービスの種類の指定」が記載されている場合は転記して、利用者・家族に説明する必要があります。ケアプランも、介護認定審査会の意見に沿って作成するとともに、サービス担当者会議において介護認定審査会の意見を踏まえて協議します。

❸ 総合的な援助の方針

「総合的な援助の方針」は、利用者の望む生活の実現のために支援の目指すべき方向です。

図3-4 課題分析結果を記載するための要素の例

理想		現状
あるべき姿 期待される結果 ありたい姿など	ギャップ	実際の姿 予想される状態 予期せぬ結果
HbA1cを7.0%以下に維持する		HbA1cが10.0%から 下がらない

課題	問題	問題点
ネガティブな事柄を 解決するために行うこと ポジティブな表現で 自分の意志が入ったもの	発生している ネガティブな事柄	問題全体のなかの一部で あり、改善可能なこと、 手を打つことができる ことを洗い出したもの
・食事バランスをよくするには どうしたらよいか ・定期的に運動するには どうしたらよいか ・インスリン注射を1人で できるようになるためには どうしたらよいか	糖尿病のコントロール不良	・食事療法が守れない ・運動をしない ・医師の指示どおり インスリン注射ができない

介護支援専門員をはじめ、それぞれの担当者が利用者・家族を含めたケアチームとして、連携しながらケアを行うための支援方針を記載します。また、緊急事態を想定した対応の方法や関係機関、連絡先などを「緊急対応方法」として記載しておくことも大切です。

❹ 生活援助中心型の算定理由

　介護保険給付対象サービスとして、ケアプランに生活援助中心型の訪問介護を位置づけた場合に記載します。「3. その他」に〇をつけた場合には、その事情の内容を簡潔明瞭に記載します。
　事情の内容については、例えば、家族が高齢で筋力が低下していて行うのが難しい家事がある場合、家族が介護疲れで共倒れ等の深刻な問題が起きてしまうおそれがある場合、家族が仕事でいないときに行わなくては日常生活に支障がある場合などがあります。

3 第2表 居宅サービス計画書(2)

❶ 生活全般の解決すべき課題（ニーズ）

　利用者の自立を阻害する要因等であり、それぞれの解決すべき課題について分析した結果を、波及する効果を予測したうえで、原則として優先度合いの高いものから記載します。介護支援専門員は、専門家として自立支援に資する内容であるかどうかを考えながら根拠に基づいたニーズを設定します。自立支援を目指す計画ですから、利用者が納得できるように記載する

ことも大切です。課題の優先順位は、緊急性や生活の活性化などを考慮しながら利用者と相談して決定します。ニーズを意欲的に転換することが難しい場合でも、自分でできることなどプラスの面を自覚できるようにはたらきかけましょう。また、理解が得られなかったニーズは、「第5表 居宅介護支援経過」に記載しておきます。その後も理解を得ることができるように継続的にはたらきかける必要があります。

❷ 目標（長期目標、短期目標）

　長期目標は、基本的にはそれぞれの解決すべき課題に対して設定された、ニーズに対する生活像の目標です。長期目標を達成した先に利用者の望む生活が実現することを意識する必要があります。長期目標の期間は、生活全般の解決すべき課題（ニーズ）をいつまでに、どのレベルで解決するかの期間を記載します。

　短期目標は、長期目標の達成に向けた段階的な目標であり、動作や状態の目標です。短期目標は、サービス事業者がそれぞれのサービス計画（個別サービス計画）作成の際に目標にもなるものです。短期目標の期間は、長期目標の達成のために踏むべき段階として設定した短期目標の達成期限を記載します。

　原則は開始時期と終了時期を記載しますが、終了時期が特定できない場合は、開始時期のみ記載することも可能です。期間の設定にあたっては「認定の有効期間」を考慮しましょう。

❸ 援助内容（サービス内容、サービス種別、頻度、期間）

　短期目標の達成に必要かつ最適なサービス内容とその方針を明らかにして、適切・簡潔に記載します。セルフケアや家族等による援助、必要に応じて介護保険給付対象外のサービスも明記します。インフォーマルサービスは、具体的な名称を記載しましょう。期間は「短期目標の期間」と連動し、目標やサービス実施に応じた期間を設定します。

4　第3表 週間サービス計画表

❶ 週間サービス計画

　週単位の支援やサービスの時間帯を記載し、利用者の活動とサービス提供状況をわかりやすくします。保険給付かどうかにかかわらず、第2表に掲げた支援を基本的にはすべて記載します。

❷ 主な日常生活上の活動

　利用者の平均的な1日の過ごし方、インフォーマルサービスやセルフケアなどを記載するこ

とで、ケアチームが利用者の生活リズムを把握し、サービス提供時間が適切かどうかなどを考えることができます。介護者が就労している場合などは、本人だけでなく介護者の日常生活上の活動を記載するとよいでしょう。

❸ 週単位以外のサービス

医療・保健福祉サービスやインフォーマルサービスも、週を単位として提供されるものでなければ記載しておきます。

5 第6表 サービス利用票（兼居宅サービス計画）および第7表 サービス利用票別表

第6表は、ケアプラン原案に位置づけられたサービスをもとに、月単位で作成します。第7表は支給限度管理の対象となるサービスについて、サービス提供事業所ごとに集計値を含めて記載します。

6 個別サービス計画との連動性

個別サービス計画は、ケアプランをもとにサービス事業所が課題解決に向けた短期目標に向けてどのような支援を行うか具体的な方法を策定したものです。

解釈通知第2-3-⑻-⑫では、「担当者に居宅サービス計画を交付したときは、担当者に対し個別サービス計画の提出を求め、居宅サービス計画と個別サービス計画の連動性や整合性について確認することとしたもの」とされています。ケアプランの交付時だけでなく、継続的な担当者との連携は必要に応じて行われます。

第❹節 サービス担当者会議

1 サービス担当者会議

　サービス担当者会議は、ケアプランの作成にあたって、利用者の状況等に関する情報をそれぞれのサービス担当者等と共有し、ケアプラン原案について専門的な見地からの意見を聴取する会議です。解釈通知第2-3-⑻-⑨にあるように、介護支援専門員はそれぞれのサービスが共通の目標を達成するために、具体的なサービスの内容として何ができるか、利用者やその家族、ケアプラン原案に位置づけた居宅サービス等の担当者からなるサービス担当者会議の開催により、専門的意見を求め、調整を図ります。サービス担当者会議の開催を通じて専門的意見を求め、調整を図ることで、効果的かつ実現可能な質の高いケアプランを目指します。

　サービス担当者会議でチームメンバー全員が、介護支援専門員によるアセスメントの結果と利用者のニーズを共有することで、ケアチームの向かう方向性を共有することが可能になります。また、サービス担当者が専門的見地から説明をして、その同意を得ることにより、利用者・家族、ケアチームのメンバーが自覚をもつことができるでしょう。利用者・家族はサービス担当者会議での説明を通じて、具体的な支援がイメージでき、支援を受けることの安心感にもつながって、チームアプローチを促進することが可能となります。

　サービス担当者会議は、運営基準に定められた場合（要介護更新認定を受けた場合、要介護状態区分の変更認定を受けた場合）のほか、モニタリング・再アセスメントを目的として開催することもできます。上手に活用していきましょう。

2 サービス担当者会議における介護支援専門員の役割

　サービス担当者会議では、①会議の開催準備、参加者の調整、②会議の司会、時間管理、③会議における利用者・家族のサポート、④参加者の意見交換、協議の促進といった役割を介護支援専門員が担います。

❶ 開催準備、参加者の調整

　利用者・家族にサービス担当者会議開催について丁寧に説明し、情報提供の同意を得ます。次に参加予定者に会議への参加を依頼するために、会議の目的等について伝えます。事前に会議の目的を伝えることで、参加者はそれぞれの立場での意見を検討しておくことができます。また、会議の際は協議が活発になるというメリットもあります。

日程調整では、必ず参加してほしい担当者に事前に確認をして日時を設定するとよいでしょう。参加ができない担当者には事前に意見等を確認しておき、会議において意見を伝えることも大切です。そのためには、時間に余裕をもって日程調整する必要があります。

表3-2　**開催案内**

- 開催日時
- 所要時間
- 開催場所
- 開催目的
- その他（駐車場所や添付資料など）

❷ 会議の司会、時間管理

　サービス担当者会議の進行は、介護支援専門員が行います。会議の流れを俯瞰することが重要です。介護支援専門員が1人で話し続けることがないように、ポイントを絞って説明しましょう。

　また、進行の大まかな時間配分を設定し、参加者に伝えておくと、参加者も意識することができ、会議の進行もスムーズになります。時間が適切に管理された会議には、次回も参加しようという意識が生まれます。

❸ 会議における利用者・家族のサポート

　多くの専門職やインフォーマルな人たちが集まる会議では、利用者・家族も緊張し、積極的に自分の気持ちを話すことができない場合が多いでしょう。介護支援専門員は、利用者・家族の表情や反応を意識しながら、わからないことはないか、自分の意見を話すことができているかどうかを確認する必要があります。どのように伝えてよいかわからないような場合は、思いなどを代弁する必要もあります。これらにより、利用者・家族は自分たちのために会議が開催されているという気持ちが深まり、チームの一員として、ケアプランに位置づけられた援助内容に参加していくことができるでしょう。

❹ 参加者の意見交換、協議の促進

　進行を担う介護支援専門員は、参加者全員が発言しているか、自分の意見を通そうとしている人はいないか、発言者の意見を理解しているか、意見が会議の目的から外れていないかなどに注意しながら、参加者の発言を引き出す必要があります。

　そのために会議の環境づくりが重要です。参加者の席次や発言の順番をあらかじめ検討する

とともに、理解を深められるように会議資料を準備する、グランドルールを伝えるなどの配慮が必要です。

3 サービス担当者会議後の留意点

　サービス担当者会議が終了した後は、会議で配布した資料を回収します。個人情報への配慮はもちろん、検討したケアプランは修正後、利用者の同意を得てそれぞれのサービス担当者に配布します。また、サービス担当者会議録として、「第4表 サービス担当者会議の要点」を作成します。

4 第4表 サービス担当者会議の要点

　会議の出席者（出席できなかった担当者も含む）、検討した項目、検討内容や結論、残された課題、次回の開催時期を記載します。会議を開催しないときや、出席できないサービス担当者がいた場合には、照会の内容等も記載します。会議に出席できないサービス担当者については出席できない理由を、家族については利用者との関係がわかるように記載します。

　「検討内容」はどのような意見が出て話し合ったのか、「結論」は第1表の「総合的な援助の方針」と結びつく視点をもって話し合った内容の要点を具体的に記載します。「残された課題」は担当者会議でも結論がまとまらなかった項目について記載します。検討した項目・内容や結論は、番号をつけて簡潔に、そして具体的に記載するとわかりやすくなるでしょう。

Column　情報通信機器を活用したサービス担当者会議

　サービス担当者会議については、「テレビ電話装置その他の通信機器（リアルタイムでの画像を介したコミュニケーションが可能な機器）」を活用して行うことができます。その場合、利用者またはその家族の同意が必要です。なお、テレビ電話等の活用にあたっては、「医療・介護関係事業者における個人情報の適切な取扱いのためのガイダンス」「医療情報システムの安全管理に関するガイドライン」などを遵守することが求められます。

　オンラインを通じた会議の開催にあたっては、使用する機器の基本操作ができることはもちろん、場の雰囲気が伝わりづらいこと、見た目の印象（表情、目線、動作、服装、背景など）がそのまま第一印象になりかねないこと、複数の人の話が聞き取りにくいことなどに注意する必要があります。話をする際は、滑舌を意識してリアクション（動作）は大きめにするとよいでしょう。

第 **5** 節
モニタリング

1 モニタリング

　モニタリングとは、「観測・調査・分析すること」とされています（広辞苑 第7版）。運営基準には、「居宅サービス計画の実施状況等の把握」とされています（運営基準第13条第14号）。ケアプランを作成した後の継続的な状況の把握であり、利用者の解決すべき課題に変化などがあれば、必要に応じてケアプランの変更やサービス事業所との連絡調整等を行う必要があります。また、サービス事業者等を通じて得た利用者の服薬状況や口腔機能その他の利用者の心身または生活にかかる情報は、主治医、歯科医師、薬剤師にとって有用な情報です。それぞれの職種から助言が必要と介護支援専門員が判断したときは、情報提供の必要があります。モニタリングにあたっては特段の事情がない限り、少なくとも月に1回、利用者の居宅を訪問し利用者に面談すること、少なくとも月に1回、モニタリングの結果を記録として残しておく必要があります。

2 モニタリングと再アセスメント

　モニタリングの目的には、サービスの効果の評価やミスマッチの修正、リスク管理があります。モニタリングで利用者の状況の変化をキャッチし、必要に応じて再アセスメントをしてケアプランを見直すことは、ケアマネジメントプロセスの循環になります。

　再アセスメントは、状態の変化に伴うものと時間経過とともに行う全体評価として行うものがあります。再アセスメントは状態が悪化したときだけでなく、身体機能が改善してADLの拡大・向上が図れた場合でも必要です。また、ケアプラン上で大きな変化がなくても、介護者・家族の気持ちや状況、生活環境などの変化は起こり得るものです。利用者の望む生活に変化が生じていないかどうか、利用者の全体像からケアプランを見直すことも大切です。

3 モニタリングを担う人

　モニタリングにあたり、介護支援専門員は、「利用者及びその家族、主治の医師、居宅サービス事業所等との連絡を継続的に行うこと」とされています（解釈通知第2-3-(8)-⑭）。利用者本人・家族だけでなく、近隣住民・医療スタッフのほか、ケアプランに位置づけられたサービス提供事業所などのケアチームのメンバーがモニタリング機能を分担します。

　居宅介護支援経過は、介護支援専門員が専門職として残す記録です。モニタリングを通じて把握した利用者・家族の意向や満足度、目標の達成度、事業所との調整内容、ケアプランの変更の必要性等について記載します。項目ごとに整理した記載は、法令遵守の根拠ともなるものです。そのため、５Ｗ１Ｈ（いつ、どこで、だれが、何を、なぜ、どのように）を意識して記載しましょう。また、主語と述語を明確にする、略語や専門用語の使用を避ける、箇条書きにする、曖昧な抽象的な表現は避ける、虐待などについては認識した事実と近況を記載することなどに注意しましょう。

> **（Column）　「物理的な理由」「やむを得ない理由」「特段の事情」**
>
> 　運営基準や解釈通知のなかには、「物理的な理由」「やむを得ない理由」「特段の事情」という言葉があります。「物理的な理由」「やむを得ない理由」「特段の事情」とは、どのようなことを指しているのか、正確に理解し支援しなければなりません。
>
> ① **アセスメント：物理的な理由**
>
> 　「利用者が入院中であることなどを除き」とされています。入所中も含め、本人が居宅にいないという物理的な理由がある場合に認められるものです。ですから物理的な理由が解消されたときには、在宅において足りない情報などについてアセスメントが必要になります。
>
> ② **サービス担当者会議：やむを得ない理由**
>
> 　「利用者（末期の悪性腫瘍の患者に限る）の心身の状況等に、主治の医師又は歯科医師の意見を勘案して必要と認める場合」「開催の日程調整を行ったが、サービス担当者の事由により、サービス担当者会議への参加が得られなかった場合、居宅サービス計画の変更であって、利用者の状況に大きな変化が見られない等における軽微な変更（サービス利用回数の増減、ケアプランの軽微な変更）の場合等が想定される」とされています。サービス担当者会議を実施できなくても、サービス担当者への照会の記録が必要になります。
>
> ③ **モニタリング：特段の事情**
>
> 　「利用者の事情により、利用者の居宅を訪問し、利用者に面接することができない場合を主として指すものであり、介護支援専門員に起因する事情は含まれない」とあります。緊急入院や緊急の短期入所サービスの利用、長期間の短期入所サービスの利用により自宅に戻る予定がない等により、居宅においてモニタリング実施ができないことなどが考えられます。
>
> 　いずれの場合も、居宅介護支援経過にその理由をしっかりと記載しておくことが重要です。

 **軽微な変更**

「軽微な変更」が認められる項目と内容は、以下のとおりです。

---

① サービス提供の曜日変更

利用者の体調不良や家族の都合などの一時的なもので、単なる曜日、日付、時間帯の変更のような場合

② サービス提供の回数変更

同一事業所における週1回程度のサービス利用回数の増減のような場合

③ 利用者の住所変更

利用者の住所変更の場合

④ 事業所の名称変更

単なる事業所の名称変更の場合

⑤ 目標期間の延長

ケアプラン上の課題や期間を変更する必要がなく、単に目標期間を延長する場合

⑥ 福祉用具の変更

福祉用具で同等の用具に変更する際、単位数のみが異なる場合

⑦ 目標もサービスも変わらない単なる事業所変更

目標・サービスの変更を伴わず、利用者の状況以外の原因による事業所の変更の場合

⑧ 目標を達成するためのサービス内容の変更

解決すべき課題、目標、サービス種別などが変わらない範囲で、目標を達成するためにサービス内容を変更するだけの場合

⑨ 担当介護支援専門員の変更

契約している居宅介護支援事業所における担当介護支援専門員の変更で、新しい担当者が利用者や各サービス担当者との面識がある場合

間違えやすいのは、「⑤ 目標期間の延長」と「⑨ 担当介護支援専門員の変更」です。

「⑤ 目標期間の延長」は、ケアプランの更新で何度も同じ短期目標で更新していると、目標設定に問題があると判断される可能性があります。目標期間を延長する場合は、目標に向けて結果が出ている状態であることが重要なポイントで、少し期間を延ばせば短期目標を達成できる状況である場合が該当すると理解しましょう。

「⑨ 担当介護支援専門員の変更」は、同一事業所における場合のみと指定されています。変更前と同じケアプランであっても、異なる事業所の介護支援専門員が担当となるときは「軽微な変更」として認められません。

また、担当介護支援専門員やケアプランの内容に変更がなく、事業所のみの変更である場合もサービス担当者会議は必要ないと勘違いしてしまいがちです。事業所が変更となる場合（⑦の単なる事業所変更を除く）は、「軽微な変更」に該当しませんので間違えないようにしましょう。

終結とは居宅介護支援事業所との契約が終了となることで、終結になるのは以下のような場合です。

- 利用者の自立が達成できた
- 要介護から要支援に変更となった
- 施設への入所
- 居宅介護支援事業所のサービス提供地域外への転居
- 事業所変更の希望がある
- 死亡　など

地域によっては、要介護から要支援になった場合、契約は終了となっても介護予防支援の一部の委託を受けることもあります。

終結時は、契約書に終了に関する文書での通知が必要とされている場合があるので確認しましょう。

また、自立により終了する場合であっても、利用者や家族が現在の生活を維持できるように介護予防などの制度を紹介する、利用者の承諾を得たうえで地域包括支援センターや民生委員などに情報提供することなども必要です。

さらに、施設入所やほかの居宅介護支援事業所に変更となる場合は、今までの生活についての引き継ぎ（情報提供）を行うことで、利用者の生活が継ぎ目なく継続されていくことにつながります。情報提供書類は、基本情報シート・アセスメントシート・ケアプランなどがあげられます。

自立ができて終了する場合も含め、終結時にケースを振り返り、省察することも大切です。今後の支援にも役立ちますので、終わりっぱなしにしないようにしましょう。

第 **7** 節

医療機関への訪問

---

1 医療・介護連携

　要介護状態になった高齢者の多くは、介護を必要とするだけでなく、複数の疾患を抱えています。病状の変化により、介護の必要性も変化します。ケアプランの見直しにあたり、医療との連携は不可欠です。

　一般的に定期的な通院は月に1・2回程度で、病状が安定しているときはさらに通院頻度は少なくなります。このようなかかわりで医師が利用者の生活の様子を十分に把握して、適切な医療判断に結びつけることは難しいといわざるを得ません。また、認知症などの症状がある場合、生活の様子や具体的な状況について把握することができず、適切な判断はさらに難しくなるでしょう。

　第5節で説明したとおり、介護支援専門員は、サービス事業者等を通じて得た利用者の服薬状況や口腔機能その他の利用者の心身または生活にかかる情報のうち、主治医、歯科医師、薬剤師の助言が必要と判断したときは、情報提供が求められます。介護福祉職が気づいた利用者の日常生活の変化などを介護支援専門員が集約し、医療職に伝達することでその情報に基づいた診断、治療方針や指導内容等の見直しができます。介護支援専門員はハブ機能を果たし、それぞれの医療・介護従事者が適切なサービスを提供し、専門職同士が連携できるように橋渡しをする役割を担います。

　連携とは同じ目的をもつ複数の人や機関が、単独では解決できない課題に対して連絡・調整を取り合い、目的達成に向かって取り組むことです。ですから何のために連携するのかということが重要で、介護支援専門員には連携によって共有した情報を、どのように活用すると利用者の暮らしがどのくらい変わるかをイメージすることが求められます。

　特に、医療との連携においては、健康や生活機能の保持を目的とした予防、リスク予測や変化への対応が重要となります。互いの専門性や役割を理解して、タイムリーで利用者にとって不利益のないように協力し合うことが重要です。

2 連携の留意点

　連携に必要なことは情報の共有だけではありません。連携にあたっては、依頼内容を明確にして、それぞれの職種の専門性を理解したうえで、目的を共有します。誰が何をどこまで行うかという役割分担も重要です。そして何よりも、連続的な協力関係を維持することは大切なこ

とです。

よく「顔の見える関係」が必要といわれますが、相手の性格や仕事ぶり、その人となりがわかってこそ、信頼感をもって一緒に仕事をすることができるようになります。相手の仕事ぶりや人となりがわかるからこそ信頼して役割を任せることができます。それには日常的なかかわりや利用者支援を一緒に行う経験などが重要です。

なお、運営基準第13条第19号から第20号にあるとおり、介護支援専門員は、利用者が訪問看護、通所リハビリテーション等の医療サービスの利用を希望している場合その他必要な場合には、利用者の同意を得て主治の医師等の意見を求めなければならず、ケアプランを作成した際には、ケアプランを主治の医師等に交付しなければなりません。また、医療サービス以外の居宅サービス等を位置づける場合にあっても、居宅サービス等にかかる主治の医師等の医学的観点からの留意事項が示されているときは、その留意点を尊重して行う必要があります。

3 医療機関

医療機関と一口にいっても、種類や機能はさまざまです。医療施設は、「病院」「診療所」「助産所」などがあり、病床数20床以上を「病院」、19床以下を「診療所」として分類しています。

病院の類型として、一般病院、特定機能病院、地域医療支援病院、臨床研究中核病院、精神科病院、結核病院の6つに分けられます。また、命の危険を脱するための急性期の治療を終え、自宅や社会に戻ってからの生活を少しでももとに近い状態に近づけるためのリハビリテーションを専門に行う回復期リハビリテーション病棟や急性期治療後の患者受け入れ、在宅復帰の支援、在宅介護中や施設からの緊急時の受け入れを行う地域包括ケア病棟など、病床ごとの区分もあります。

それぞれの介護支援専門員が活動する地域や近隣地域にどのような病院（病床）があり、どのような役割を果たしているのか理解しておくことが大切です。また、医療機関の規模により連携の方法や窓口が変わってきます。連携の窓口を事前に把握しておくことは重要です。地域の職能団体等で、時間や方法・留意点などをまとめていることもありますので、確認してください。

国の医療政策として病院の病床数の削減や入院日数の短縮化が進んでいます。その結果として、医療処置を継続しながら退院し、在宅療養をするケースの増加に伴い、退院後の療養生活に心配や不安を感じる利用者・家族が多くなっています。在宅療養を支援する際、在宅療養支援診療所や訪問看護とのかかわりは重要です。

在宅療養支援診療所とは、地域で患者の在宅療養の提供に中心的な責任をもつ診療所のことです。24時間365日体制で医師や看護師と連絡が取れる、24時間365日体制で往診、訪問看護が可能、緊急時に連携医療機関への入院手配ができるなどの施設基準が満たされており、在宅療養を行う利用者の不安軽減などにつながっています。

訪問看護は、医療と生活の両方の視点から「その人らしい暮らし」を支援するのが大きな役割であり、必要に応じて24時間、連絡・相談および訪問できる体制を取っている事業所も多くあります。日頃から在宅療養支援診療所や訪問看護との連携を図ることにより、在宅療養が困難と思われる利用者の支援が充実します。

また、在宅療養支援診療所や訪問看護だけでなく、在宅において医療を提供するさまざまな機関との連携を図っておきましょう。

Column **訪問看護─医療保険と介護保険**

訪問看護は、医療保険に基づいて行われる場合と介護保険に基づいて行われる場合とがあります。利用者が要介護・要支援認定を受けている場合は、介護保険法が他法に優先されるため、基本的には介護保険による給付となります。しかし、利用者の状態によっては医療保険への給付に切り替わる場合があります。医療保険での訪問看護は、厚生労働大臣が定める疾病等、特別訪問看護指示書が発行された場合、認知症以外の精神疾患（精神科訪問看護指示書に基づく訪問看護）が対象となります。いずれも、ケアプランへの位置づけは必須です。医療保険・介護保険どちらでサービス提供されるかは、訪問看護指示書の種類および記載されている主たる傷病名により決まりますので、訪問看護ステーション等に確認してみましょう。

表3-3 **医療保険による訪問看護の対象になる疾病**

介護保険の利用者でも末期の悪性腫瘍を含む以下の疾病に該当する場合および医療保険の精神科訪問看護を受けている場合は、介護保険ではなく、医療保険の訪問看護の適用となります。

【末期の悪性腫瘍を含む厚生労働大臣が定める疾病等＊】

① 末期の悪性腫瘍
② 多発性硬化症
③ 重症筋無力症
④ スモン
⑤ 筋萎縮性側索硬化症
⑥ 脊髄小脳変性症
⑦ ハンチントン病
⑧ 進行性筋ジストロフィー症
⑨ パーキンソン病関連疾患（進行性核上性麻痺、大脳皮質基底核変性症及びパーキンソン病（ホーエン・ヤールの重症度分類がステージ3以上であって生活機能障害度がⅡ度又はⅢ度のものに限る）をいう）
⑩ 多系統萎縮症（線条体黒質変性症、オリーブ橋小脳萎縮症及びシャイ・ドレーガー症候群をいう）
⑪ プリオン病
⑫ 亜急性硬化性全脳炎
⑬ ライソゾーム病
⑭ 副腎白質ジストロフィー
⑮ 脊髄性筋萎縮症
⑯ 球脊髄性筋萎縮症
⑰ 慢性炎症性脱髄性多発神経炎
⑱ 後天性免疫不全症候群
⑲ 頸髄損傷
⑳ 人工呼吸器を使用している状態

＊「厚生労働大臣が定める基準に適合する利用者等」（平成27年3月23日厚生労働省告示第94号）第4号

往診と訪問診療

訪問診療と往診の違いなどについて理解しておきましょう。

- 訪問診療：患者の同意を得て、計画的・定期的に自宅などを訪問して診療を行うことをいいます。
- 往　　診：患者や家族などの求めに応じ、緊急的に自宅などを訪問し、診療を行うことをいいます。計画的・定期的に自宅などを訪問し、診療を行う場合は往診にはあたりません。

4 ケアマネジメントの場面ごとの連携

① 平時

　介護支援専門員は、利用者が訪問看護やリハビリテーション等の医療サービスの利用を希望している場合その他必要な場合には、利用者の同意を得て主治の医師等の意見を求めなければなりません（運営基準第13条第19号）。また、介護支援専門員はケアプランを作成した際には、当該ケアプランを主治の医師等に交付しなければならないとされています（運営基準第13条第19号の2）。モニタリングをはじめ、ふだんからケアマネジメントにおいては医療との連携が欠かせません。

　なお、利用者が入院する必要が生じた場合には、利用者を担当している介護支援専門員の氏名および連絡先を入院先に伝えるように求めることが、運営基準第4条第3項に定められています。

② 急病時

　利用者の急激な病状の変化や新たな病気などが生じた場合は、受診が必要となります。また、治療方針の変更などを要することも少なくありません。病状によってはケアプラン変更の必要性を検討する必要もあります。主治医との連携により、タイムリーな対応が求められます。

③ 急変時

　介護支援専門員は、急激な病状の変化や救急搬送などの事態の発生を想定し、家族等の緊急連絡先はもとより、主治医等の連携先と緊急時の連絡方法を確認しておく必要があります。救急搬送に関しては、医療の必要性や緊急性をもとに医師と利用者・家族が話し合って決定されます。しかし、入院を伴う治療は療養環境の変化による「リロケーションダメージ」や安静による廃用性の二次障害発生のリスクがあります。入院を回避することが可能であれば、リロケーションダメージや廃用症候群のリスクの発生を予防できる場合があります。

④ 入院・入所時

　入院・入所時には、利用者の基本情報や心身の状況、生活環境、介護サービスの利用状況等について情報提供をします。特に、利用者・家族の医療に対する意向や療養に関する希望等は、治療方針の決定やその後の療養場所を検討するために重要な情報です。医療側が必要とし、短時間で把握しにくい情報（生活歴や介護者の状況等）をできるだけ早く提供できるように、情報シートの整理等を日頃から心がけておきましょう。

⑤ 退院・退所時

　退院調整看護師やMSW（医療ソーシャルワーカー）等から、入院後の身体状況や退院後に継続する必要のある医療処置、介護に及ぼす影響等について情報を得ます。退院前カンファレンスでも重要な情報が入手できますので、できる限り参加しましょう。退院・退所時には入院・入所前と比べて状況が大きく変わっていることも少なくありません。長期にわたる入院では、退院前カンファレンスの前に身体状況や予後についての情報収集や利用者・家族の意向の把握に努め、退院後のケアプラン原案を作成します。

⑥ 家族の休息が必要なとき

　特に医療処置が必要な利用者の介護をする家族や介護者には、少なからず負担がかかっています。そのため、レスパイト（休息）を必要とすることも少なくありません。しかし、医療処置を要する利用者や状態が安定しない利用者の場合、受け入れ先の確保が難しいこともあるでしょう。そのような場合、在宅医療の後方支援機能をもつ病院等を、主治医の判断によって紹介してもらうことも可能でしょう。このような連携により、医療処置を要する利用者等でも、介護者がレスパイトを取ることができるようになり、長期間在宅療養を継続することが可能となります。

⑦ 人生の最終段階および死亡時

　人生の最終段階において、介護支援専門員は利用者の生命的予後や予測される経過などについて医師から情報を得るとともに、人生の最終段階に必要となる医療的ケアや介護の変化について把握します。そのうえで、かかわる家族や介護サービス提供者に、介護を提供する際の留意点などを伝え、チームで共有できるようにします。

　家族はもちろん、介護サービス提供者にも大きな心理的負担がかかっています。不安に思っていることを確認し、必要に応じてアドバイスをしたり、ねぎらったりなどの配慮をしましょう。可能であればチームでアドバンス・ケア・プランニング（ACP：人生の最終段階における医療・ケアの決定プロセス）を行うことが、利用者の尊厳を守ることにつながります。

死亡時には医師の診断が必須であるため、速やかに主治医と連絡を取れる体制を整えておくことが重要です。慌てて救急搬送依頼をすることのないように、救急搬送によるトラブルの可能性や起こり得る変化等について説明しておきましょう。可能であれば訪問看護を利用して、専門職に相談し助言を受けることのできる体制を整えておくと、利用者・家族の安心につながります。

(Column) アドバンス・ケア・プランニング（ACP）

2021（令和3）年度介護報酬改定において、「看取り期の本人・家族との十分な話し合いや他の関係者との連携を一層充実させる観点から、基本報酬や看取りに係る加算の算定要件において、「人生の最終段階における医療・ケアの決定プロセスに関するガイドライン」等の内容に沿った取組を行うことを求める」と明記されています。アドバンス・ケア・プランニング（以下、ACP）は、「人生の最終段階における医療・ケアについて、本人が家族等や医療・ケアチームと繰り返し話し合う取り組み」です。ACPでは年齢や病期にかかわらず、成人患者と価値、人生の目標、将来の医療に関する望みを理解し共有し合います。「患者が望めば、家族や友人とともに行われる」「患者の同意のもと、話し合いの結果が記述され、定期的に見直され、ケアにかかわる人々の間で共有されることが望ましい」「ACPの話し合いには、患者本人の気がかりや意向、患者の価値観や目標、病状や予後の理解、治療や療養に関する意向や選考、その提供体制を含む」とされています。また「多くの患者にとって、このプロセスには自分が意思決定できなくなったときに備えて、信頼できる人もしくは人々を選定しておくことを含む」とあります。

ACPの話し合いに含まれる内容は、ケアマネジメントを行ううえでも重要なことが含まれています。ですから介護支援専門員には、人生の最終段階に限らず、ACPの視点をもって利用者の価値観や目標・気がかりや意向をその都度確認する姿勢が求められます。

「第3回　人生の最終段階における医療の普及・啓発の在り方に関する検討会」資料3「これからの治療・ケアに関する話し合い―アドバンス・ケア・プランニング」に、ACPの実践の5つのステップが紹介されています。皆さんも学びを深めていきましょう。

第 8 節
事例検討会

1 事例検討会とは

事例検討会はさまざまな専門職が集まり、援助・支援の方向性を検討する場です。事例検討会では、個別の実践事例を通して事例提供者がどのように利用者を理解し、どのようにニーズを明らかにして、どのような対応をしたのか、利用者理解のための基本的視点や支援内容について分析し、専門職としての力を高めていくための検討を行います。事例提供者のみならず、参加者も事例の利用者理解を深めたうえで、自身の日常業務に役立てていくことができます。事例検討会の一般的な進行は、図3-5のとおりです。

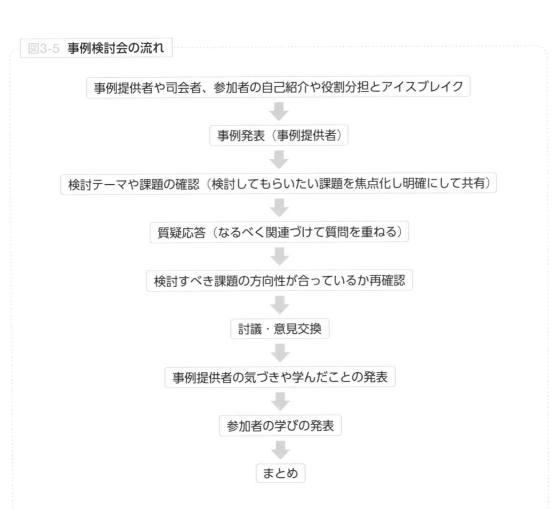

図3-5 **事例検討会の流れ**

事例提供者や司会者、参加者の自己紹介や役割分担とアイスブレイク

↓

事例発表（事例提供者）

↓

検討テーマや課題の確認（検討してもらいたい課題を焦点化し明確にして共有）

↓

質疑応答（なるべく関連づけて質問を重ねる）

↓

検討すべき課題の方向性が合っているか再確認

↓

討議・意見交換

↓

事例提供者の気づきや学んだことの発表

↓

参加者の学びの発表

↓

まとめ

2　事例検討会を実施する目標と期待される効果

　事例検討会では、事例の再アセスメント（見立て）と具体的な対応策（手だて）を検討します。事例の利用者に焦点をあて支援者の気づきを促し、事例提供者が事例検討をしてよかったと思える検討会にする必要があります。

❶ 事例検討会の目標

　事例検討会の目標は、表3-4のとおりです。

表3-4　**事例検討会の目標**

- 事例を丁寧に振り返ることにより、課題の実現を妨げている背景を明らかにし、利用者の豊かな生活、継続的な支援を実現する
- 関係機関、専門職種との連携、協力、協働関係を築き上げる
- 地域の課題を発見し、地域のネットワーク構築と社会資源の創造に結びつける
- 教育、研修の場になる

❷ 期待される効果

　事例検討会には、表3-5のような効果が期待されます。

表3-5　**事例検討会で期待される効果**

- 行き詰まった事例を解決できるヒントが得られ、事例提供者・参加者のスキルアップを目指すことができる
- 事例提供者の体験を「疑似体験」でき、担当する事例において予測される問題や課題に対応していくことができる
- 多職種による専門的視点や参加者の多様な知識に基づいた質疑応答により、アセスメントの視野を広げることができる
- 参加者全員で再アセスメント（見立て）を行い、それに基づいた具体的対応策（手だて）を考えることができる
- 自らの支援を見直すことで自分のくせや考え方の偏りを知り、省察の機会になる
- 介護支援専門員の孤独感やストレスの緩和となり、困ったことを相談でき、助け合う仲間のネットワーク形成につながる
- 事例を取り巻く地域の課題発見の機会となる

3 事例検討会への参加

事例検討会に参加する際のルールを知り、また参加したいと思える事例検討会にします。

① 事例検討会に参加する際の留意点

事例検討会に参加する際の留意点は、表3-6のとおりです。

表3-6 **事例検討会での留意点**

- 人格を傷つけたり対応を責め立てたりするような発言、非難・中傷はしない
- 実践の成功や失敗を診断する場にしない
- 結論を限定せず、質問や反論するゆとりをもつ
- 互いに傾聴と対話を心がけ、演説や長話をしない
- 個人の体験や価値観、意見を押しつけない
- 事例と事例提供者に対する敬意をもち、前向きな提案や意見を心がける
- 結論を急がず、参加者全員で考え、合意を得ながら進める

② 事例提供

事例提供する際は個人情報が特定されないように配慮し、匿名性を保つとともに、事例の利用者や家族の同意を得ます。表3-7のような内容を資料内に入れておくとよいでしょう。

表3-7 **事例提供にあたって用意するもの**

- 今回の事例検討会で検討したい課題
- 利用者や家族の意向
- 利用者の現病歴、既往歴、成育歴（生活歴）、家族歴など

Column **個人情報と匿名性**

個人情報は、個人情報の保護に関する法律（個人情報保護法）第2条において、「生存する個人に関する情報であって、当該情報に含まれる氏名、生年月日その他の記述等により特定の個人を識別することができるもの（他の情報と容易に照合することができ、それにより特定の個人を識別することができることとなるものを含む）をいう」と定義されています。アルファベット順に振り分ける、記号化するなどして匿名性を守ります。また、黒のサインペンは消し方によっては匿名性が確保できないこともあるので、できるだけ避けたほうがよいでしょう。

---- 第 **9** 節 ----
地域ケア会議

1 地域包括ケアシステム

　地域包括ケアシステムとは、要介護状態となっても、住み慣れた地域で自分らしい生活を最後まで続けることができるように地域で助け合う体制のことです。それぞれの地域の実情に合った、医療・介護・予防・住まい・生活支援が一体的に提供される体制を目指しています。

2 地域包括ケアシステムと「自助・互助・共助・公助」

　地域生活を継続する際の基本は、自らの生活を自らで支える「自助」です。自助には、単に自分のことは自分ですることだけでなく、心身の状態が悪化し、要介護状態にならないように、自らの健康に対して、適切な知識や情報を得て、健康・介護予防に対して自らが責任をもって管理するセルフマネジメントも含まれます。

　「互助」は、家族や当事者団体・住民などが主体になって取り組むインフォーマルな地域の助け合いです。互助は、社会の正式な制度ではなく、都市部や都市郊外において住民のつながりが希薄化している地域では、地域のなかに潜在的に存在している自助・互助に対して意識的なはたらきかけを進める工夫が不可欠となります。

　自らが主体となり、自身を大切にして尊厳を保ちながら生活を行うという心構えと行動が最も大切で、基本は「自助」となることを忘れないことが重要です。

表3-8　**地域包括ケアシステムを支える「自助・互助・共助・公助」**

自助	・自分のことを自分でする ・自らの健康管理（セルフケア） ・市場サービスの購入
互助	・ボランティア活動 ・住民組織の活動 ・当事者団体による取り組み ・有償ボランティア
共助	・介護保険に代表される社会保険制度およびサービス
公助	・一般財源による高齢者福祉事業等 ・生活保護 ・ボランティア ・住民組織の活動への公的支援

3　地域ケア会議

地域ケア会議は、地域包括ケアシステム実現に向けた手法の1つとして行われる会議です。地域包括支援センターまたは市町村が主催となり、設置・運営する「行政職員をはじめ、地域の関係者から構成される会議体」と定義されています。そのため、地域の医療・介護にかかわる専門職のほか、民生委員や住民組織といったインフォーマルサービスなどのさまざまな関係者が参加します。地域ケア会議の目的は、医療、介護等の多職種が協働して高齢者の個別課題の解決を図るとともに、介護支援専門員の自立支援に資するケアマネジメントの実践力を高める、個別ケースの課題分析等を積み重ねることにより地域に共通した課題を明確にする、共有された地域課題の解決に必要な資源開発や地域づくり、さらには介護保険事業計画への反映などの政策形成につなげることです。参加者がそれぞれの専門的知見を共有しながら、よりよい支援について検討し、また地域の課題を明らかにしていくことで、地域包括ケアシステムの整備・推進を図ります。

地域ケア会議は、個別ケースの支援内容について検討する「地域ケア個別会議」と、地域の実情に応じた地域課題を検討する「地域ケア推進会議」に分けられます。

① 個別ケースの支援内容の検討（地域ケア個別会議）

主に介護支援専門員が提出した個別ケースに対して、多職種が専門的知見から助言などを行い、よりよい支援やケアの内容について検討していきます。個別ケースを通して地域の高齢者の実態を把握し、課題解決のための支援のネットワーク構築やほかの事例にも共通する地域の課題を把握することなども含まれています。

地域ケア会議が有効と考えられるケースには、支援者が困難を感じているケース、支援が自立を阻害していると考えられるケース、必要な支援につながっていないケース、権利擁護が必要なケース、地域課題に関するケースなどがあります。支援者が困難と感じているケースや支援が自立を阻害していると考えられるケースでは、介護支援専門員に対する支援が必要なケースもあり、介護支援専門員自身が真の課題に気づき課題と向き合って、多面的に考えて言語化していくプロセスが重要です。自らしっかりと考えて導き出したものは、「応用可能」な実践力となっていきます。

② 地域課題の検討（地域ケア推進会議）

地域課題の検討を行う地域ケア推進会議は、インフォーマルサービスや地域見守りネットワーク等、地域に必要と考えられる資源の開発を行う「地域づくり・資源開発機能」と地域に必要な取り組みを明らかにして、施策や政策を立案・提言する「政策形成機能」の2つの機能を果たすことを目指します。

地域ケア推進会議の開催を通じて、地域住民の安心・安全の確立と、QOLの向上とともに、自助・互助・共助・公助を組み合わせた地域ケア体制の整備を同時に進めていく地域包括ケアシステムを構築していきます。

介護支援専門員には、不足している社会資源や地域における課題をまとめ、提言していくことが期待されています。

4 地域ケア会議とその他の会議の相違点

地域ケア会議は、個別ケースの支援内容の検討を通じて、地域の課題を把握し、解決に結びつけて地域づくりを推進するための会議です。一見するとサービス担当者会議や事例検討会と同じような会議と感じるかもしれません。しかし地域ケア会議は、会議の名称や開催方法等ではなく、5つの機能が循環して地域づくりを行っていくという目的に合致していることが重要です（図3-6）。介護支援専門員は、地域ケア会議とその他の会議との違いを理解して、地域包括ケアシステム構築に向けて地域ケア会議が有効に機能するように活用する必要があります。介護支援専門員が地域ケア会議を活用するにあたっては、以下の4つの視点が求められます。

❶ 地域特性を理解する

利用者の生活する地域は、環境をはじめさまざまです。それぞれ異なる要素を踏まえた地域特性を理解することは、地域包括ケアシステムを推進するうえで重要になります。

図3-6 「地域ケア会議」の5つの機能

1	個別課題の解決	・多職種が協働して個別ケースの支援内容を検討することによって、高齢者の課題解決を支援するとともに、介護支援専門員の自立支援に資するケアマネジメントの実践力を高める機能	個別ケースの検討　地域課題の検討
2	地域包括支援ネットワークの構築	・高齢者の実態把握や課題解決を図るため、地域の関係機関等の相互の連携を高め地域包括支援ネットワークを構築する機能	
3	地域課題の発見	・個別ケースの課題分析等を積み重ねることにより、地域に共通した課題を浮き彫りにする機能	
4	地域づくり資源開発	・インフォーマルサービスや地域の見守りネットワークなど、地域で必要な資源を開発する機能	
5	政策の形成	・地域に必要な取り組みを明らかにし、政策を立案・提言していく機能	

出典：厚生労働省「介護予防活動普及展開事業 市町村向け手引き」2017年を一部改変

❷ ケアマネジメントの倫理等の原則に基づいた分析を行う

　介護支援専門員には基本的倫理として、人権尊重、主体性の尊重、公平性、中立性、社会的責任などの視点が求められます。地域ケア会議で個別ケースの検討等を行う際にも、専門職としてもつべき基本的視点に基づいた分析や発言が重要です。

❸ 類似事例の情報提供や、かかわりのなかでの成功体験の蓄積を行う

　地域には、利用者を取り巻くネットワーク、日常生活圏域のネットワーク、日常生活圏域を越えたネットワークなど、さまざまな規模のネットワークがあります。地域の特性に応じたそれぞれのネットワークで展開された実践例などにおける支援者のかかわりを疑似体験することで、専門職として成熟するうえで必要な経験値を積むことができます。

❹ 地域アセスメントを行い、行政への提言を行う

　支援が困難なケースには、個別の課題だけでなく支援困難を引き起こすさまざまな要因が隠れています。社会資源の不足など、地域の要因がケースに大きな影響を及ぼしている場合もあり、個別ケースの検討だけでなく地域アセスメントが重要になります。地域課題の解決に向け、阻害要因となっている実態を把握・分析することが求められます。分析結果をもとに行政に政策提言を行う必要があります。

　先述したサービス担当者会議や事例検討会の目的と、地域ケア会議の目的の違いを理解して上手に活用していきましょう（表3-9）。

5　地域ケア会議参加時の留意点

　地域ケア会議に参加する際の留意点は、事例検討会に参加する場合と大きな違いはありません。

　特に個人情報保護は重要ですが、個人情報保護に「過剰反応」して関係者間での情報共有が不十分だと、支援内容の検討はもとより、支援そのものが円滑に運ばなくなります。

　個人情報の取り扱いに関する基本的な方針の取り決めや、個人情報保護条例を適切に解釈・運用することが重要です。

表3-9　地域ケア会議とサービス担当者会議の違い

地域ケア会議（個別ケース検討）	項目	サービス担当者会議
地域包括支援センター または市町村	開催主体	介護支援専門員 （契約が前提）
・ケース当事者への支援内容の検討 ・地域包括支援ネットワーク構築 ・自立支援に資するケアマネジメント支援 ・地域課題の把握など	目的	・利用者の状況等に関する情報共有 ・サービス内容の検討および調整など
・地域支援事業の実施について （厚生労働省老健局長通知） ・地域包括支援センターの設置運営について （厚生労働省老健局振興課長ほか連名通知）	根拠	・「指定居宅介護支援等の事業の人員及び運営に関する基準」（第13条第9号）
・行政職員、地域包括支援センター職員、介護支援専門員、介護サービス事業者、保健医療関係者、民生委員住民組織、本人・家族等	参加者	・ケアプランの原案に位置づけた居宅サービス等の担当者、主治医、インフォーマルサービスの提供者、本人・家族等
・サービス担当者会議で解決困難な課題等を多職種で検討 【ケース例】 ・支援者が困難を感じているケース ・支援者が自立を阻害していると考えられるケース ・支援が必要だがサービスにつながらないケース ・権利擁護が必要なケース ・地域課題に関するケース	内容	・サービス利用者の状況等に関する情報の担当者との共有 ・当該ケアプラン原案の内容に関する専門的見地からの意見聴取

出典：長寿社会開発センター「地域ケア会議運営マニュアル」2013年を一部改変

参考文献
● 長寿社会開発センター「地域ケア会議運営マニュアル」2013年
● 地域包括ケア研究会「地域包括ケアシステムと地域マネジメント」2016年
● 厚生労働省老健局老人保健課「介護予防活動普及展開事業 市町村向け手引き」2017年
● 厚生労働省医政局「第3回 人生の最終段階における医療の普及・啓発の在り方に関する検討会 資料3 これからの治療・ケアに関する話し合い―アドバンス・ケア・プランニング」2017年
● 日本介護支援専門員協会「居宅介護支援事業所におけるケアマネジメント機能向上に資する事例検討会実践に活かす手引き」2020年
● 介護支援専門員実務研修テキスト作成委員会編『七訂第2版 介護支援専門員実務研修テキスト』長寿社会開発センター、2021年
● 居宅サービス計画書作成の手引編集委員会編『七訂 居宅サービス計画書作成の手引』長寿社会開発センター、2021年
● 遠藤英俊監、前沢政次編集代表、3訂／介護支援専門員研修テキスト編集委員会編『3訂／介護支援専門員テキスト 主任介護支援専門員研修』日本介護支援専門員協会、2022年
● 朝来市「地域ケア会議を通じたケアマネジメント支援～行政・包括・居宅の連携を通じて～」（2022（令和4）年10月9日閲覧）

第4章

法令に定められている
居宅介護支援のポイント

　第3章では、業務の根幹である「ケアマネジメントプロセス」について学びました。介護保険制度でケアマネジメントプロセスを展開する際は、第3章で学んだことのほか、業務運営上の細かな取り決めも遵守する必要があります。第4章では、居宅介護支援事業所として守るべきこと、介護支援専門員として守るべきこと、そして利用者や家族に守ってもらうために伝えるべきことなどについて説明します。

法令の構造

　介護支援専門員が業務を行うにあたって、いくつものルールが定められています。それらのルールには階層があり、上位のルールをより詳細に定めた下位のルールがあります。どれも守らなければならないことには変わりありませんが、はじめにそのしくみからみていきましょう（図4-1）。

　まず、私たちすべての国民が守る頂点に位置する法律に「憲法」があります。憲法は私たちが行う業務について直接何かを定める法律ではありません。日本国憲法第98条には「国の最高法規」である規定があります。世の中にはさまざまな法律があります。それらの法律が法律同士の整合性が保たれるように監督し、また国民の権利などを侵害するような法律がないかなどを監督する役割を果たしているのが最高法規としての憲法です。

　法律のうち、介護支援専門員の業務について直接定めているのが「介護保険法」です。したがって、介護保険法の理解は欠かすことができません。介護保険法は全部で215条が定められています。そのすべてを記憶することは不可能ですが、重要な条文については介護支援専門員として把握しておく必要があります。

　特に第1条は介護保険の理念である「尊厳の保持」や「自立した日常生活の営み」について定められています。また第4条には「国民の努力義務」について、第8条には居宅介護支援を

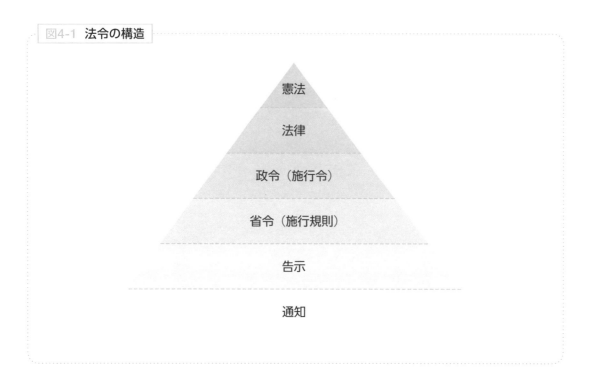

図4-1　**法令の構造**

憲法

法律

政令（施行令）

省令（施行規則）

告示

通知

はじめとする介護サービスについて定めています。これらには目を通しておくべきです。そして、第205条以降にはルールを守らなかった際の罰則も定められています。介護保険法のなかに「罰金」や「懲役」といった言葉が定められています。意外かもしれませんが、「だから守る」のではなく「守って当然」のこれらのルールをしっかりと認識しておくことが法令遵守、適正な業務運営につながります。この機会に介護保険法の詳細について調べておきましょう。

介護保険法

（目的）

第１条　この法律は、加齢に伴って生ずる心身の変化に起因する疾病等により要介護状態となり、入浴、排せつ、食事等の介護、機能訓練並びに看護及び療養上の管理その他の医療を要する者等について、これらの者が尊厳を保持し、その有する能力に応じ自立した日常生活を営むことができるよう、必要な保健医療サービス及び福祉サービスに係る給付を行うため、国民の共同連帯の理念に基づき介護保険制度を設け、その行う保険給付等に関して必要な事項を定め、もって国民の保健医療の向上及び福祉の増進を図ることを目的とする。

（介護保険）

第２条　介護保険は、被保険者の要介護状態又は要支援状態（中略）に関し、必要な保険給付を行うものとする。

２　前項の保険給付は、要介護状態等の軽減又は悪化の防止に資するよう行われるとともに、医療との連携に十分配慮して行われなければならない。

３　第１項の保険給付は、被保険者の心身の状況、その置かれている環境等に応じて、被保険者の選択に基づき、適切な保健医療サービス及び福祉サービスが、多様な事業者又は施設から、総合的かつ効率的に提供されるよう配慮して行われなければならない。

４　第１項の保険給付の内容及び水準は、被保険者が要介護状態となった場合においても、可能な限り、その居宅において、その有する能力に応じ自立した日常生活を営むことができるように配慮されなければならない。

（国民の努力及び義務）

第４条　国民は、自ら要介護状態となることを予防するため、加齢に伴って生ずる心身の変化を自覚して常に健康の保持増進に努めるとともに、要介護状態となった場合においても、進んでリハビリテーションその他の適切な保健医療サービス及び福祉サービスを利用することにより、その有する能力の維持向上に努めるものとする。

２　国民は、共同連帯の理念に基づき、介護保険事業に要する費用を公平に負担するものとする。

（定義）

第7条

5　この法律において「介護支援専門員」とは、要介護者又は要支援者（中略）からの相談に応じ、及び要介護者等がその心身の状況等に応じ適切な居宅サービス、地域密着型サービス、施設サービス、介護予防サービス若しくは地域密着型介護予防サービス又は特定介護予防・日常生活支援総合事業（中略）を利用できるよう市町村、居宅サービス事業を行う者、地域密着型サービス事業を行う者、介護保険施設、介護予防サービス事業を行う者、地域密着型介護予防サービス事業を行う者、特定介護予防・日常生活支援総合事業を行う者等との連絡調整等を行う者であって、要介護者等が自立した日常生活を営むのに必要な援助に関する専門的知識及び技術を有するものとして第69条の7第1項の介護支援専門員証の交付を受けたものをいう。

　介護保険法を補完する目的で定められているのが介護保険法施行令（政令）、介護保険法施行規則（省令）、告示や通知です。下位になるほどより詳細な内容が書かれており、業務を行ううえでとても重要になります。特に「指定居宅介護支援等の事業の人員及び運営に関する基準」（運営基準）と「指定居宅介護支援に要する費用の額の算定に関する基準」（算定基準）の理解は欠かすことができません。

　第2節からは居宅介護支援事業の人員および運営に関する基準を定めた「指定居宅介護支援等の事業の人員及び運営に関する基準」について詳しく解説します。紙面の関係上、すべてについては解説はできませんので、特に重要な事項について解説していきます。

　居宅介護支援にかかる運営基準は全部で31条あります。これらを守らないと、運営基準減算や運営指導での改善命令、返戻などのペナルティがあります。知らなかったでは済まされません。十分に理解して、適正な業務運営を心がけましょう。なお、運営基準をさらに細かく解釈した「指定居宅介護支援等の事業の人員及び運営に関する基準について」（解釈通知）もあります。本章ではふれませんが、併せて原文を確認しておいてください。

● 第 **②** 節 ●

基本方針

1 「基本方針」（第1条の2）

介護保険法第1条にも定められている基本的な理念について再掲されています。

　「要介護状態となった場合においても、その利用者が可能な限りその居宅において、その有する能力に応じ自立した日常生活を営むことができるように配慮して行われるものでなければならない」

居宅介護支援事業は、介護保険制度の根幹をなす業務ともいえます。介護保険制度の理念を現実のものとするには、介護支援専門員がその理念を熟知していなければなりません。そのため、運営基準においても基本方針として再度確認しています。さらに「利用者の選択」や「公正中立な支援」「関係機関との連携の確保」「人権の擁護、虐待の防止のための必要な措置」などが定められています。まさに1丁目1番地のルールです。

❶ 利用者の選択

　「利用者の選択」とは、利用するサービスを利用者自身が決めるということも重要ですが、むしろ、利用者自身の生活の営みの仕方や今後の人生の過ごし方などを自分で決めたうえで、その方向性に沿って支援を提供することの重要性を意味しています。

❷ 公正中立な支援

　「公正中立な支援」とは、介護支援専門員としての立ち位置を示しています。介護支援専門員はすべての人や機関との関係性において公正・中立を維持します。例えば、利用者と家族の意向が異なる場合、介護支援専門員は「どちらかの味方に立つ」ということではなく、それぞれの意向を尊重し、それぞれのおかれている立場を把握したうえで支援を行います。基本は利用者の主体性の尊重ですが、家族の意向を無視することはできません。そして、双方にとって利益が多く、不利益が少ない方向性を見出すことになります。

　また、事業所内外との関係性においても公正・中立を維持します。介護支援専門員は法人に雇われていることが多いかと思いますが、支援においては公正・中立が求められます。決して自法人の利益誘導や、利用者が希望していない併設サービスへの抱え込みなどを行ってはいけません。依頼しやすい事業所に新規依頼を集中させてしまうことなどにも注意しましょう。何の気なしに、ついつい慣れている事業所に依頼してしまいがちですが、事業所の特性をよく把握し、利用者のニーズにかなうサービス提供ができる事業所を、利用者に紹介し調整すべきです。

❸ 関係機関との連携の確保

「関係機関との連携の確保」は、公正・中立を維持したうえで、地域のあらゆる関係機関や専門職とつながりをもつことです。「連携」について、「顔が見える関係」と表現されますが、その他に以下のことを意味しています。

- それぞれの専門性を理解し尊重していること
- 「利用者のために」という同じ方向性で支援していること
- そのうえで専門性が異なるもの同士が議論を深める関係性

時に専門性の違いから意見が異なることがあります。しかし、利用者のためにという共通の目的があれば、議論を深めることで結論にたどり着き、支援の方向性が定まります。そのような関係性が確保されている状態を「連携」といいます。

❹ 人権の擁護、虐待の防止のための必要な措置

「人権の擁護、虐待の防止のための必要な措置」については、どのような状態にある利用者も1人の人間として尊重してかかわることです。たとえ、意思表示が困難であっても、支援者の都合で方針を決めたりしてはいけません。国から示されている「意思決定支援のガイドライン」[1]などを活用しながら、本人に寄り添った支援に努めます。

さらには、虐待への対応もふだんの支援において常に心がけましょう。居宅での支援の場合、虐待は家族などの近親者によって行われる場合が多くあります。「虐待防止法」[2]では、虐待を発見した場合、原則市町村に通報することを定めていますが、私たちも支援者として、家族等による虐待が疑われる場合、家族等に対する相談支援などを行うことも考えられます。虐待を一方的に責めるのではなく、なぜ虐待に至ってしまったのか、その背景にある要因を把握し、改善策を図ることも支援の1つでしょう。そのうえで、解決が難しい場合や、虐待の程度が深刻な場合は、市町村と連携して対応しましょう。

---

[1] ガイドラインについて次のとおり示されています。
- 障害福祉サービス等の提供に係る意思決定支援ガイドライン
- 認知症の人の日常生活・社会生活における意思決定支援ガイドライン
- 人生の最終段階における医療・ケアの決定プロセスに関するガイドライン
- 身寄りがない人の入院及び医療に係る意思決定が困難な人への支援に関するガイドライン
- 意思決定を踏まえた後見事務のガイドライン

[2] 対象者に応じて次のとおり定められています。
- 高齢者虐待の防止、高齢者の養護者に対する支援等に関する法律（高齢者虐待防止法）
- 障害者虐待の防止、障害者の養護者に対する支援等に関する法律（障害者虐待防止法）
- 児童虐待の防止等に関する法律（児童虐待防止法）

第❸節

人員に関する基準

1 「従業者の員数」（第2条）

　居宅介護支援事業所は、常勤専従の介護支援専門員が１名いれば運営ができます。いわゆる「１人ケアマネ事業所」です。しかし、この場合、介護支援専門員が病気などにより業務の継続が困難になった場合の対処など、課題が残ります。地域によっては、ほかの居宅介護支援事業所との連携を確保して補完し合うしくみなどを構築しているところもあるようです。できれば、地域の介護支援専門員の職能団体と市町村（保険者）とで対応策について協議していくことが望まれます。

　介護支援専門員１人あたりが担当する標準件数を35件と定めているのも、第２条です。居宅介護支援事業者は利用者が35名を超える場合には、介護支援専門員を新たに配置しなければならないと定めています。これについてはあくまでも人員基準に対する標準件数ですので、居宅介護支援費の算定における考え方とは異なります。適正な算定については別に定める「指定居宅介護支援に要する費用の額の算定に関する基準」（算定基準）を遵守してください。

2 「管理者」（第3条）

　居宅介護支援事業所の管理者は、主任介護支援専門員であることが定められています。管理者の要件については、2027（令和９）年３月31日までの猶予期間がありますが、新たに管理者となる場合には、主任介護支援専門員であることが求められます。管理者は常勤専従であることが原則ですが、業務運営に支障がない場合に限り同一敷地内にあるほかの事業所の職務に従事することができます。もちろん、居宅介護支援事業所の介護支援専門員としての職務を兼ねることも可能です。この場合は、１人の常勤専従者として算定できます。

　管理者としての役割は、居宅介護支援事業所の運営管理や人材育成などです。法令に沿って適正に事業運営がなされるように、介護保険法をはじめ、省令や通知などを読み解き、職員である介護支援専門員に周知します。また３年ごとに行われる介護保険制度改正や介護報酬改定の内容などを適切に伝達、解説します。

　さらには職員である介護支援専門員ごとに研修の年間計画を立て、計画に沿って研修を実施し、習得目標の達成度合いの評価を行います。その他にも、苦情対応や災害対策など幅広く業務を担うことになります。

運営に関する基準

1 「内容及び手続の説明及び同意」（第4条）

まずは「重要事項説明書」の説明と交付です。すでに事業所にて対応しているかと思いますが、どのような内容を記載しなければならないのか把握しておきましょう（第18条「運営規程」参照）。

また、それらをどのように説明するかが大切です。「義務だから読み上げる」では相手には伝わりません。おそらく難しい言葉が並んでいるかと思います。それらはすべて重要な事項ですので、相手が理解できるように説明することが肝心です。ただ棒読みするのではなく、利用者や家族が理解できるように、わかりやすく解説をするように説明しましょう。「伝える」のではなく「伝わる」ことが重要です。

第2項には「利用者は複数の指定居宅サービス事業者等を紹介するよう求めることができる」とされています。また、重要事項説明書と一緒に「前6月間に当該指定居宅介護支援事業所において作成された居宅サービス計画に位置付けられた訪問介護等ごとの回数のうちに同一の指定居宅サービス事業者又は指定地域密着型サービス事業者によって提供されたものが占める割合」を説明することが求められています。「特定事業所集中減算」の要件の1つにあたります。これについては重要事項説明書に含めてもよいですが、この部分を別紙にして交付しても構いません。

ちなみに重要事項説明書などの文書は、利用者や家族の求めに応じて「電磁的方法」（電子データでの受け渡し）も可能とされています。

また、利用者が入院する際には「介護支援専門員の氏名及び連絡先を当該病院又は診療所に伝える」ことを求めることも第4条に定められています。

2 「提供拒否の禁止」（第5条）、「サービス提供困難時の対応」（第6条）

居宅介護支援事業者は、新規の依頼に対して正当な理由なしに断ってはならないとされています。正当な理由とは、標準件数を上回ってしまう場合や依頼先が通常の事業地域を超えた遠方などの場合です。このような依頼に対しては断ることもできますが、その際にはできるだけ依頼に対応できるほかの居宅介護支援事業者の情報提供を行う必要があります。そのためには、近隣地域も含めた事業所情報をふだんから整えておくとよいでしょう。

3 「要介護認定の申請に係る援助」（第8条）

利用者の要介護認定が満了する際には、担当の介護支援専門員は更新手続きを支援（申請代行）します。更新申請は認定満了の60日前から行えますが、遅くとも30日前までには手続きを行うようにします。その理由は、市町村（保険者）が行う要介護認定の申請受理から結果通知までの事務を30日以内に行うことと定められているからです。ふだんから利用者の認定期間などの管理を徹底しておきましょう。

4 「指定居宅介護支援の基本取扱方針」（第12条）

第1条の基本方針にも通じることですが、第12条では「医療サービスとの連携に十分配慮して」支援を行うことが定められています。医療介護連携は今日では必須のことですが、改めて必要な連携体制が確保されているか、利用者ごとに確認してみましょう。

また、同条には「自らその提供する指定居宅介護支援の質の評価」について規定されています。自己評価でも構いませんが、できれば第三者による業務評価を取り入れると、客観性が担保され、地域での信頼性も向上します。さらに、評価内容などを自社のホームページや「介護サービス情報公表システム」などを通じて外部に公表することで、対外的な事業所の評価向上にもつながります。

5 「指定居宅介護支援の具体的取扱方針」（第13条）

第13条では居宅介護支援の通常業務の流れと具体的な業務内容について定めています。すなわちケアマネジメントの実施方法です。具体的には第3章「ケアマネジメント」でもふれましたが、再度基準に沿ってポイントを確認しておきます。

❶ 居宅介護支援の基本的留意点

介護支援専門員は利用者や家族に対して、支援内容などを懇切丁寧に説明することが求められています。先にも述べましたが、「伝える（読み上げる）」のではなく「伝わる（読み解く）」ことが重要です。改めて自己点検しておきましょう。

❷ 居宅サービス計画（ケアプラン）の作成

居宅サービス計画（以下、ケアプラン）の作成にあたっては、「介護給付等対象サービス以外の保健医療サービス又は福祉サービス、当該地域の住民による自発的な活動によるサービス等の利用も含めて位置付けるよう努めなければならない」としています。介護保険以外のフォー

マルサービスや、地域住民やボランティアなどのインフォーマルサービスも必要に応じ調整しましょう。むしろ、介護保険サービスなどのフォーマルサービスよりも、インフォーマルサービスを優先して導入する視点で支援を検討することが望ましいとされています。もちろん、専門職のかかわりを要するニーズには優先してフォーマルサービスを導入することになりますが、基本的な考え方としては、以下の順に支援方法を検討することです。

① 本人のセルフケア
② 家族・近隣などのインフォーマルサービス
③ 専門職などのフォーマルサービス

また、これらの支援方法やサービス種別（事業所）などを導入する際には、必ず利用者本人の選択と同意が必要です。そのため、介護支援専門員は、利用者本人が選択できるように、必要な情報を提供することになります。その際、地域にあるすべてのサービス機関の情報をただ渡すのではなく、利用者の抱えている課題（ニーズ）にふさわしい支援が提供できる事業所を複数しぼって情報提供するなどの配慮が望まれます。決して自社の併設サービスの情報のみを提供したり、いつも依頼している特定の事業所の情報のみを提供するなど、正当な理由がないにもかかわらず偏った情報提供をしてはいけません。

❸ アセスメントとサービス担当者会議

第13条ではアセスメントについてもふれています。第3章でも説明しましたが、アセスメント（課題分析）は原則として利用者宅を訪問して面談をしながら進めていきます。いわゆるインテーク（情報収集）と同時にアセスメントも実施していきます。そして、抽出された課題（ニーズ）に対する支援内容とサービス事業所などを、利用者と相談しながら決めていきます。そのうえでケアプランの原案を作成します。その後、サービス担当者会議を開催し、利用者を中心に主治医などの支援者を招集し、ケアプラン原案について協議します。サービス担当者会議は参集を基本としますが、利用者や家族の同意があればテレビ電話装置等を使用したオンラインでの開催も可能です。また欠席者については、事前に照会（意見）を求めるなどして会議の場で参加者と意見を共有します。サービス担当者会議は、その他、要介護認定更新時や区分変更時などに新たにケアプランを作成したときや、問題が発生し支援者間で協議する必要がある場合などに随時開催されます。

❹ ケアプランの確定とサービス提供の開始

サービス担当者会議で支援者間の合意が得られた後に、最終的に利用者の同意（署名）を得ることでケアプランは確定します。確定したケアプランは利用者やサービス事業所などに交付します。サービス事業所は、ケアプランに基づき、それぞれに求められたサービス内容をより詳細かつ具体的に立案した「個別サービス計画」（訪問介護計画など）を作成し、介護支援専門

員はその提出を求めることになっています。介護支援専門員は個別サービス計画を受け取った後、ケアプランとの整合性を確認し、もし相違があればサービス事業所に照会します。

いよいよサービスが開始されます。介護支援専門員はサービス開始後も必要に応じて利用者や家族、サービス事業所などの支援者と連絡を密にして、状況や変化を把握しながらニーズの解決と目標の達成を目指します。介護支援専門員自身も原則として少なくとも月に1回は利用者の居宅を訪問し、利用者や家族と面接して状況を把握（モニタリング）したうえで、その結果を記録します。

利用者や家族の状態の変化など、把握に努める事柄は多岐にわたりますが、特に「利用者の服薬状況、口腔機能その他の利用者の心身又は生活の状況に係る情報」は注意を要します。訪問介護事業所（サービス提供責任者）による、服薬状況や口腔機能等にかかわる情報提供が運営基準に定められていますので、訪問介護を導入している場合、しっかりと連携を確保しましょう。なお、その他のサービス事業所間とも連携をしっかりと確保することはいうまでもありません。

❺ 施設入所支援と退院・退所時の連携

利用者が居宅での生活の継続が困難になった場合や施設入所を希望した場合などは、介護支援専門員は施設に関する情報提供を適切に行い、施設入所に向けた支援を行うことになります。また、施設や病院などから退所・退院する利用者については居宅での生活に円滑に移行できるように、施設や病院と連携を確保し、退所・退院前から支援を開始します。

❻ 市町村（保険者）への対応

訪問介護の生活援助を国が定める回数以上利用している利用者がいる場合、そのケアプランを市町村（保険者）に提出してその妥当性の判断を仰ぎます。訪問介護に限らず、すべてのサービスはアセスメントによって検討され、サービス担当者会議でサービス導入の根拠が議論され、支援者間の合意、利用者の同意が得られたものです。たとえ規定回数以上の訪問介護サービスを位置づけたとしても、なんら迷うことなく市町村にケアプランを提出すれば事足ります。

区分支給限度基準額に対するサービスの利用割合が多い場合や訪問介護の利用割合が多い場合（国が定めた基準額以上）には、市町村がケアプランの提出を求めることがあります。その場合も、根拠があるケアプランであれば恐れることなく提出をすればよいでしょう。

❼ 主治医との連携

医療系サービスである訪問看護、訪問リハビリテーション、通所リハビリテーション、居宅療養管理指導、短期入所療養介護、定期巡回・随時対応型訪問介護看護（訪問看護サービスを利用する場合に限る）、看護小規模多機能型居宅介護（訪問看護サービスを利用する場合に限

る）は、主治医の指示があることで導入が可能になります。そのため、主治医との連携を欠かすことはできません。また、指示書を作成した主治医にはケアプランを交付しなければなりません。さらには医療系サービスの提供上の留意点なども事前に主治医に確認するようにしましょう。

医療系サービスを導入しない場合でも、主治医との連携はしっかりと確保しましょう。特に要介護認定に必要な主治医意見書を作成した主治医には、認定結果とともにケアプランを交付しましょう。

⑧ 短期入所サービスを利用する場合

短期入所生活介護または短期入所療養介護を利用する場合、利用者の要介護認定期間の半数を超えた利用は原則としてできません。仮に介護老人福祉施設（特別養護老人ホーム）などの入所待ちをしている間に短期入所生活介護または短期入所療養介護を利用しながら待機する場合、要介護認定期間の半数を超える場合には市町村に特例利用の申請を行います。

⑨ 福祉用具サービスを利用する場合

介護給付で福祉用具の貸与や販売を利用する場合は、その必要性の根拠をケアプランに記載します。ケアプラン更新時などに継続してその福祉用具を利用する場合、その理由を記載します。また、サービス担当者会議でも福祉用具専門相談員を交え、その理由の妥当性について随時協議します。要支援者や要介護１の利用者に特例給付で福祉用具貸与を利用する際にも、その必要性・妥当性についてサービス担当者会議で協議することが必要です。

⑩ 介護認定審査会意見等の反映

利用者の介護保険被保険者証に介護認定審査会意見等が記載されている場合、介護支援専門員は利用者の同意を得たうえで、その意見に沿った支援を提供するように努めなければなりません。意見が付されることは少ないようですが、リハビリテーションや服薬、栄養管理に関するものが多いようです。

⑪ 利用者が要支援に変更になった場合

担当している利用者が要介護認定の更新で要支援になった場合、速やかに管轄の地域包括支援センターに連絡して介護予防支援の契約を締結してもらいます。そのうえで居宅介護支援事業者に介護予防支援の委託を依頼された場合は、適正に実施することが求められています。要支援者の介護予防支援を受託した場合、利用者の人数換算は0.5人になります。

⑫ 地域ケア会議への協力

地域包括支援センターが「地域ケア会議」を開催するにあたって、介護支援専門員に情報提供の依頼があった場合には、介護支援専門員は協力するように努めることになっています。地域ケア会議は、ケアチームだけでは支援が困難なケースなど、幅広く専門家などを招集して検討する場です。介護支援専門員が担当している困難ケースなどを取り上げて行われることが想定されますので、担当介護支援専門員として積極的に協力しましょう。また、介護支援専門員自らが支援が困難なケースを地域ケア会議に提案するなども求められています。

6 「法定代理受領サービスに係る報告」（第14条）

いわゆる「給付管理」の規定です。介護保険サービスの利用にあたっては、ほとんどが「法定代理受領方式」が採られています。すなわち利用者は、自己負担割合（1〜3割）に準じて自己負担分を事業者に支払い、残りの給付分は市町村から直接事業者に支払われています。介護保険制度は「償還払い方式」（利用者はいったん費用全額を事業者に支払い、後から保険給付分の支払いを受ける方式）を基本としていますが、そうなると一時でも利用者の金銭的負担が大きくなるため、便宜上「法定代理受領方式」が採られています。

そのため、介護支援専門員は毎月のサービス利用費用につき給付管理を行い、市町村に提出することになります。その際、介護サービス費の請求に関する審査・支払いを市町村から委託されている国民健康保険団体連合会（国保連）に情報提供（送信）することになります。サービス提供事業者も自らの提供実績に基づき、国保連に請求データを送信します。国保連では居宅介護支援事業所（介護支援専門員）からの給付管理データと、サービス提供事業者からの請求データを突合させ、一致した場合（もしくは居宅介護支援事業所からの給付管理データがサービス提供事業者からの請求データ額を上回る場合）に保険給付がなされることになります。

介護支援専門員はケアマネジメントの業務が中心ですが、介護保険給付の適正化に対しても重要な役割を担っています。

7 「利用者に対する居宅サービス計画等の書類の交付」（第15条）

利用者が居宅介護支援事業者の変更を希望した場合や、要支援認定になったことで介護予防支援事業者に引き継ぐ場合は、利用者の求めに応じて、担当介護支援専門員は後任の介護支援専門員等に対してケアプランなどの帳票類を提出しなければなりません。引き継ぎにあたっては、利用者がその後も支援をスムーズに受けられるよう、必要に応じて情報提供を行いましょう。

居宅介護支援事業者の変更は利用者の選択の権利でもあります。しかし、何らかの理由が

あってのことかと思います。担当していた介護支援専門員は、自身の業務の省察や振り返りを行うことが望まれます。省察や振り返りにあたっては管理者や主任介護支援専門員などの助言を受けることも有効です。常に前向きに自身の資質の向上に努めましょう。

8 「利用者に関する市町村への通知」（第16条）

介護支援専門員は、以下のような場合には、速やかに市町村に連絡することになっています。

① 正当な理由なしに介護給付等対象サービスの利用に関する指示に従わないこと等により、要介護状態の程度を増進させたと認められるとき

② 偽りその他不正の行為によって保険給付の支給を受け、または受けようとしたとき

例えば、介護支援専門員やサービス提供事業者に対して、無理な要求や過剰な要求をしている場合、助言に反して自らの身体や疾患を悪化させるような行動を改めないときなどです。いわゆる「カスタマーハラスメント」や「セルフネグレクト」などが該当します。支援者の力をもってしても解決できない場合などは、市町村と連携して対応します。

また、認定調査などで身体機能を偽って重度認定を受けようとするなどの不正があった場合も該当します。

私たち介護支援専門員は、中立・公正・公平に支援をしなければなりません。そのことによって、社会的地位が保たれます。介護保険制度が適正に運営されるように、ふだんの業務に努めましょう。

9 「運営規程」（第18条）

居宅介護支援事業者は、事業所ごとに運営規程を定めなければなりません。運営規程とは、居宅介護支援事業所が事業を行うにあたって、運営方針や運営内容などを事前に定めるものです。運営規程は重要事項説明書とともに、事業所内に掲示または来訪者などが閲覧可能な形でファイル等で備え置くことが必要です（第22条「掲示」参照）。運営規程は指定権者にも提出しますので、内容に変更があれば改めて指定権者に提出しなければなりません。変更届けの提出は年度内に1回行えばよいことになっています。

運営規程の内容は、先に説明した重要事項説明書にも反映されます。定めるべき項目の概要は以下のとおりです。

① 事業の目的および運営の方針

② 職員の職種、員数および職務内容

③ 営業日および営業時間

④ 居宅介護支援の提供方法、内容および利用料その他の費用の額

⑤　通常の事業の実施地域

⑥　虐待の防止のための措置に関する事項

⑦　その他運営に関する重要事項

②の「員数」については、居宅介護支援事業所の人員基準は1以上ですが、事業所で定める員数がある場合、「〇人以上」と記載することが可能です。それを満たしている以上、員数に変更があっても変更届けは不要です。

③の「営業日および営業時間」は、事業所として開所している曜日と時間を記載します。特定事業所加算を算定している場合など、24時間連絡体制を確保している場合には、通常の営業時間とは異なりますので、その旨を別途記載します。

④の「その他の費用の額」は、通常の実施地域を超えて訪問する場合の交通費の実費徴収などを事業所で規定する場合にその内容を記載します。その他、有料で対応する事項などがあれば内容を記載します。

⑤の「通常の事業の実施地域」は、事業所ごとに規定します。市町村単位や地域単位などで決めることができます。通常の事業の実施地域外でも依頼を受けることは可能ですが、基本的には定めた地域内で支援を行うことが適切です。

⑥の「虐待の防止のための措置に関する事項」は、事業所としての指針、委員会の設置や虐待対応担当の職員などを規定します。

10 「勤務体制の確保」（第19条）

❶ 勤務体制

いわゆるシフトです。事業所ごとに勤務体制を定めたうえで業務を実施することになります。介護保険法における常勤時間は、週32時間以上とされています。常勤者はこの時間を満たす必要があります。さらに、労働基準法上の定めは以下のとおりです。

- 使用者は、原則として、1日に8時間、1週間に40時間を超えて労働させてはいけません。
- 使用者は、労働時間が6時間を超える場合は45分以上、8時間を超える場合は1時間以上の休憩を与えなければいけません。
- 使用者は、少なくとも毎週1日の休日か、4週間を通じて4日以上の休日を与えなければなりません。

これらの定めを満たしたうえで勤務体制を確保します。介護支援専門員は職員ごとに担当する利用者の都合等で支援を行いますので、本来、何時から何時という規定内では業務が収まらないことが起こり得ますが、業務が過重にならないように、ワークライフバランスを保てるよ

うな勤務シフトに配慮する必要があります。実際には、時間外手当の支給や振り替え休日の確保など、柔軟な勤務体制が求められます。

❷ 研修

　第19条は研修についても規定しています。介護支援専門員には法定研修の受講義務がありますが、法定研修は、基本的には次の更新までの５年に一度の受講で、法定研修の受講のみをもって介護支援専門員が必要とする知識・技術を習得するには足りません。そのため、ふだんから法定研修以外の研修等を受講する機会を確保し、常に自己研鑽に努める姿勢が大切です。

　居宅介護支援事業者は、所属する介護支援専門員に対し法定研修の受講時間の確保と、法定研修以外の研修受講の機会を確保するように努めることが求められています。就労時間内に就労扱いとするのか、有給休暇や振り替え出勤等で対応するのかは各事業所の判断になりますが、所属する介護支援専門員の資質の向上にかかわる機会を設けることは、居宅介護支援事業者としての責務でもあります。

❸ ハラスメント対策

　その他、居宅介護支援事業者の責務として、ハラスメント対策が求められています。ハラスメントには、以下の内容が含まれます。

　　①　セクシュアルハラスメント（性的な言動）
　　②　パワーハラスメント（優越的な関係を背景とした言動）
　　③　カスタマーハラスメント（顧客からの威圧的な言動）　など

　これらのハラスメントによって、職員が辞職したり健康を害したりすることなどがないように、居宅介護支援事業者として予防策および実際に発生した際の対応策について指針を定めることとなっています。

11 「業務継続計画の策定等」（第19条の2）

　「業務継続計画」（BCP：Business Continuity Plan）とは、自然災害や感染症蔓延などで著しい被害を被った際に、できるだけ業務を継続できるように、あらかじめ有事の際の業務遂行方法などについて定めておくものです。2024（令和６）年３月31日までの猶予期間がありますが、すべての介護サービス事業所ごとに定めることが義務化されています。特に自然災害対策は、事業所の立地条件によって見舞われる災害も異なることから、法人単位ではなく事業所単位で策定することが求められます。

　居宅介護支援事業所や介護サービス事業所は、利用者の生活を維持するための重要な役割を負っています。したがって、特に有事の際であってもサービス提供がとどこおらないようにす

ることが求められています。

　業務継続計画は、初めて策定する事業所も多いかと思いますが、最初から完成されたものを策定することは難しく、策定後も何度かシミュレーションを行い、修正を加えていくことが重要です。また何らかの有事の際に、実際に計画どおりに行動したうえで、修正点などを見直していく流れが求められます。まさに「PDCA：Plan-Do-Check-Action」サイクルで現実的な計画に仕上げていくことになります。

12 「感染症の予防及びまん延の防止のための措置」（第21条の2）

　感染症の予防及びまん延の防止のための措置についても、2024（令和6）年3月31日までの猶予期間はありますが、すべての介護サービス事業者に対策が求められています。具体的には、感染対策委員会の設置および開催、感染対策指針の整備、感染予防等の研修の実施、訓練（シミュレーション）の実施等が求められています。委員会の開催はオンライン等でも可能ですが、おおむね6か月ごとに実施することになっています。

　介護支援専門員をはじめとする介護従事者は、さまざまな感染症などと接する可能性があります。常に感染症対策を心がけていくことが求められます。

13 「秘密保持」（第23条）

　いうまでもなく、介護支援専門員には守秘義務が課せられています。契約の際、利用者や家族に示すとともに、居宅介護支援事業者は守秘義務について、所属する介護支援専門員に対して文書にて「誓約書」を交わすなどして徹底することが求められています。

　また、サービス担当者会議や支援において介護サービス事業所などと利用者や家族の情報を共有することがあります。情報共有にあたっては利用者や家族の同意を得たうえで行わなければなりません。実際の業務にあたっては契約の際、「包括的同意」という形で同意を得ることが多いかと思いますが、だからその後は個人情報を自由に共有してよいということにはなりません。

　介護支援専門員は、利用者や家族の個人情報を最も多く知る職種といえるかもしれません。だからこそ、ケアマネジメントを実施する際に、多職種との連携において共有する個人情報などは、その職種に伝えるべき情報のみを選択・選別して共有することが重要です。介護支援専門員が有する情報を、すべて丸ごと共有することまでは許されてはいないことを念頭において業務にあたりましょう。

　なお、不当に個人情報等を漏洩した場合には、介護保険法第205条の定めにより、1年以下の懲役または100万円以下の罰金に処せられます。

14 「居宅サービス事業者等からの利益収受の禁止等」（第25条）

　介護支援専門員は、中立・公正・公平に業務を行わなければならないことは先にも述べたとおりです。居宅介護支援事業所の管理者は、所属する介護支援専門員に対し、正当な理由なく特定の介護サービス事業所を利用者に勧めるなどをしてはならないことを徹底しなければなりません。

　介護サービス事業所から金品などを受け取り、その事業所を利用者に不当に紹介したり、推薦したりしてもなりません。この場合には、居宅介護支援事業所の指定取り消しや介護支援専門員の資格消除になりますので禁忌事項といえます。

15 「苦情処理」（第26条）

　中立・公正・公平に業務を行っていても、何らかの原因で苦情につながってしまうことはあるかもしれません。苦情はないに越したことはありませんが、苦情が寄せられてしまったら、誠意をもって対応することが肝心です。運営基準では、迅速かつ適切に対応すること、必要に応じ市町村と連携することが定められています。

　また苦情は、居宅介護支援事業者や市町村のほかに、国民健康保険団体連合会（国保連）でも対応しますので、その際には国保連の指示に従って苦情対応に協力します。

　一方、居宅介護支援事業所は利用者が利用している介護サービス事業所に対する苦情を受け付けることもあります。その場合も苦情を受け付け、適切に対応することが求められます。「介護サービス事業所の苦情は直接事業所に」ではなく、介護支援専門員として調整できる範囲で苦情対応を心がけましょう。苦情は見方を変えれば利用者や家族からの要望、要求です。苦情をきっかけに事業所との関係性が改善されたり、信頼関係が促進されたりすることもあります。逆に苦情対応を誤ると、信頼関係の崩壊や介護サービス利用の拒否につながりかねません。苦情はニーズととらえ、前向きに適切に対応しましょう。

16 「事故発生時の対応」（第27条）

　第27条には、居宅介護支援を実施したことが原因で、利用者や家族に事故が発生してしまった場合の対応について規定されています。速やかに適切に対応することが求められています。甚大な事故の場合、市町村や都道府県への報告も求められます。

　しかし、相談対応を基本とする居宅介護支援で事故が発生することは少ないかもしれません。むしろ介護サービス事業所のサービス提供中に事故は多く発生しています。もちろん当事者としての介護サービス事業所の対応は必須ですが、調整した介護支援専門員としても事故の

一連の経過などを把握するようにします。その後、介護サービス事業所と連携して再発防止策などを検討するなど、必要な対応を図りましょう。

17 「虐待の防止」（第27条の2）

虐待の防止についても、2024（令和6）年3月31日までの猶予期間はありますが、すべての介護サービス事業者に以下の対策を講じることが求められています。

- 虐待の防止のための対策を検討する委員会（オンラインでも可）を定期的に開催し、所属する介護支援専門員にその結果の周知徹底を図ること
- 居宅介護支援事業所における虐待の防止のための指針を整備すること
- 所属する介護支援専門員に対し、虐待の防止のための研修を定期的に実施すること
- 虐待対応の担当者をおくこと

虐待対応は以前からも「高齢者虐待の防止、高齢者の養護者に対する支援等に関する法律（高齢者虐待防止法）」によって取り組んできたとは思いますが、新たに運営基準に位置づけられました。

居宅における虐待は、家族や親族によって行われる割合が高くなっています。虐待の事実が確認されたら、高齢者虐待防止法の規定に沿って、市町村と連携を図り適切に対応しましょう。

18 「記録の整備」（第29条）

居宅介護支援事業者は業務において、利用者に関する帳票類を「その完結の日から2年間保存しなければならない」と定めています。帳票類の内容は、ケアマネジメントプロセスにおける一切の帳票類です。その完結した日とは、その帳票の記載を完成させた日からという解釈です。保存期間については自治体によって条例でより長く定めている場合がありますので、個別に確認してください。

保存方法は紙ベースでも構いませんが、かなりの量になりますので、電磁式保存方法（データ保存）でも可能です（第31条「雑則（電磁的記録等）」参照）。

なお、運営指導における帳票類の確認も、国の規定では電磁式保存方法（パソコンなどでの提示）が可能になっていますので、運営指導を実施する市町村などに確認してください。

これまで、居宅介護支援事業にかかる運営基準について特に重要な部分を解説しました。

運営基準や解釈通知は、3年ごとに行われる介護保険制度改正や介護報酬改定にて見直されることがあります。その都度最新の情報を確認し、適正な事業運営が維持できるようにしてください。

第5章

居宅介護支援にかかわる記録・書類

　介護支援専門員は、介護保険サービスを利用するために必要な居宅サービス計画（ケアプラン）を作成し、主治医をはじめとする専門職や市町村（保険者）等と連携しながら、利用者に適切な介護サービスを提供できるようにケアマネジメントします。第5章では、介護支援専門員にとって業務を行ううえで特に必要な書類を説明します。

1 介護保険被保険者証

介護保険被保険者証（以下、被保険者証）は、介護サービスを利用するために必要な情報が記載されたものです（表5-1）。

❶ 交付の条件

65歳になった人（第1号被保険者）は、特別な手続きを行わなくても誕生日を迎える月に自動的に住所地の市町村（保険者）から被保険者証が交付されます。

40歳から64歳の人（第2号被保険者）は、がん末期などを含む16の特定疾病などが原因で要介護認定を受ける場合、交付を申請した場合は市町村から被保険者証が交付されます。

表5-1 **介護保険被保険者証**

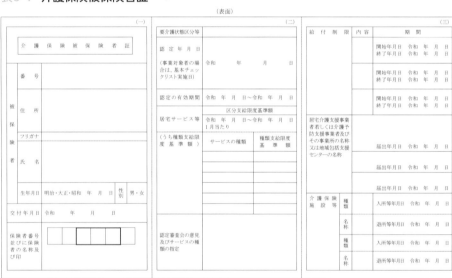

備考
1　この証の大きさは、縦128ミリメートル、横273ミリメートルとし、点線の箇所から三つ折とすること。
2　必要があるときは、各欄の配置を著しく変更することなく所要の変更を加えることその他所要の調整を加えることができること。

94

 **用語解説**

特定疾病

特定疾病とは、心身の病的加齢現象との医学的関係があると考えられる疾病であって次のいずれの要件をも満たすものについて総合的に勘案し、加齢に伴って生ずる心身の変化に起因し要介護状態の原因である心身の障害を生じさせると認められる疾病をいいます。

① 65歳以上の高齢者に多く発生しているが、40歳以上65歳未満の年齢層においても発生が認められる等、罹患率や有病率（類似の指標を含む）等について加齢との関係が認められる疾病であって、その医学的概念を明確に定義できるもの

② 3〜6か月以上継続して要介護状態または要支援状態となる割合が高いと考えられる疾病

特定疾病（表5-2）については、その範囲を明確にするとともに、介護保険制度における要介護認定の際の運用を容易にする観点から、個別疾病名を法令に列記しています（介護保険法施行令第2条）。

表5-2 **特定疾病**

① がん（医師が医学的知見に基づき回復の見込みがない状態に至ったと判断したものに限る）
② 関節リウマチ
③ 筋萎縮性側索硬化症
④ 後縦靱帯骨化症
⑤ 骨折を伴う骨粗鬆症
⑥ 初老期における認知症（法第5条の2第1項に規定する認知症をいう）
⑦ 進行性核上性麻痺、大脳皮質基底核変性症及びパーキンソン病
⑧ 脊髄小脳変性症
⑨ 脊柱管狭窄症
⑩ 早老症
⑪ 多系統萎縮症
⑫ 糖尿病性神経障害、糖尿病性腎症及び糖尿病性網膜症
⑬ 脳血管疾患
⑭ 閉塞性動脈硬化症
⑮ 慢性閉塞性肺疾患
⑯ 両側の膝関節又は股関節に著しい変形を伴う変形性関節症

❷ 被保険者証の留意点

被保険者証の留意点としては、以下のとおりです。

① 要介護認定等を受けようとするときは市町村に、給付の対象となるサービスを受けようとするときには介護サービス事業者に被保険者証の提示等を行います。

② 被保険者が資格を喪失したときは、速やかに被保険者証を返還しなければなりません。

③ 市町村から交付された被保険者証が破れた場合、汚れた場合、またはなくした場合は、直ちに市町村に再交付を申請する必要があります。なお、破れたり、汚れたりした被保険者証は、申請時に添付しなければなりません。

④ 被保険者証の再交付を受けた後、なくした被保険者証を発見したときは、直ちに発見した被保険者証を市町村に返還することになります。

⑤ 市町村は、期日を定めて被保険者証の検認または更新をすることができます。このとき、被保険者は市町村に被保険者証を提出し、市町村は検認または更新した被保険者証を新たに交付します。

❸ 被保険者証が必要なとき

- 要介護認定の申請および更新時
- 居宅サービス計画（以下、ケアプラン）の作成依頼時
- 介護給付費の申請時　など

Column　被保険者証の確認

「指定居宅介護支援等の事業の人員及び運営に関する基準」（平成11年3月31日厚生省令第38号）第7条には、受給資格の確認として、「指定居宅介護支援事業者は、指定居宅介護支援の提供を求められた場合には、その者の提示する被保険者証によって、被保険者資格、要介護認定の有無及び要介護認定の有効期間を確かめるものとする」とされています。

一方、居宅サービスにかかる運営基準などを定めた「指定居宅サービス等の事業の人員、設備及び運営に関する基準」（平成11年3月31日厚生省令第37号）第11条では、居宅サービス事業者がサービスの提供を求められた場合、「その者の提示する被保険者証によって、被保険者資格、要介護認定の有無及び要介護認定の有効期間を確かめるものとする」とされています。

被保険者証の確認は、居宅介護支援事業所と居宅サービス事業所の双方に義務づけられているものです。

居宅サービス事業所側から利用者の被保険者証の控え（コピー）を求められた場合、居宅介護支

援事業所にその提供が義務づけられているわけでも、居宅介護支援事業所があらかじめ用意しなければならないわけでもありません。被保険者証の確認は、居宅サービス事業所にも求められていることを利用者に説明することが大切です。

2 介護保険負担割合証

❶ 介護保険負担割合証とは

　介護保険負担割合証とは、介護保険サービスを利用したときの利用者負担割合を記載したものです（表5-3）。要介護・要支援認定を受けた人と、介護予防・生活支援サービス事業対象者（サービス事業対象者）に交付されます。サービスを利用する際、被保険者証と一緒に提示します。

表5-3 **介護保険負担割合証**

（裏面）

注意事項

一　介護サービス又は介護予防・生活支援サービス事業のサービスを受けようとするときは、必ずこの証を事業者又は施設の窓口に提出してください。

二　介護サービス又は介護予防・生活支援サービス事業のサービスに要した費用のうち、「適用期間」に応じた「利用者負担の割合」欄に記載された割合分の金額をお支払いいただきます。（居宅介護支援サービス及び介護予防支援サービスの利用支払額はありません。）

三　被保険者の資格がなくなったとき又はこの証の適用期間の終了年月日に至ったときには、直ちに、この証を市町村に返してください。また、転出の届出をする際には、この証を添えてください。

四　この証の表面の記載事項に変更があったときは、十四日以内に、この証を添えて、市町村にその旨を届け出てください。

五　不正にこの証を使用した者は、刑法により詐欺罪として懲役の処分を受けます。

六　利用時支払額を三割（利用者負担の割合）欄に記載された割合が三割である場合は四割）とする措置（給付額減額）を受けている場合は、この証に記載された利用負担の割合よりも、当該措置が優先されます。

（表面）

介　護　保　険　負　担　割　合　証	
交付年月日　　年　　月　　日	
被保険者	番　号	
	住　所	
	フリガナ	
	氏　名	
	生年月日	明治・大正・昭和　年　月　日
利用者負担の割合	適　用　期　間	
割	開始年月日　令和　年　月　日／終了年月日　令和　年　月　日
割	開始年月日　令和　年　月　日／終了年月日　令和　年　月　日
保険者番号並びに保険者の名称及び印	

1　この証の大きさは、縦128ミリメートル、横91ミリメートルとすること。
2　必要があるときは、各欄の配置を著しく変更することなく所要の変更を加えることその他所要の調整を加えることができること。

❷ 住宅改修および福祉用具購入費の利用者負担について

　領収書記載日時点の負担割合を適用します。サービスを利用する際は、被保険者証とともに介護保険負担割合証をサービス事業者または施設に提示します。

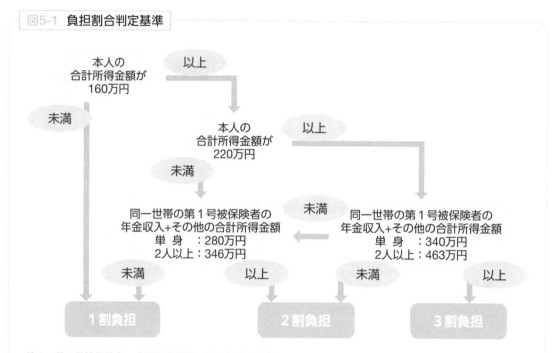

図5-1　**負担割合判定基準**

注1：第2号被保険者、市民税非課税、生活保護受給者は1割負担です。生活保護を受給している場合の1割負担分は公費から出ますが、負担割合証は送付されます。
注2：給付額減額を受けている場合は、負担割合証に記載された利用者負担割合よりも、当該措置が優先されます。
注3：合計所得金額とは、収入金額から必要経費に相当する金額を控除した金額のことで、扶養控除や社会保険料控除などの所得控除をする前の金額です。なお、2018（平成30）年8月からは土地等の売却に係る長期譲渡所得や短期譲渡所得の特別控除額が含まれる場合には、特別控除額を控除した金額を使用します。
出典：尼崎市ホームページ「介護保険負担割合証について」を一部改変

❸ 交付のタイミング

　毎年8月1日を基準日として、要介護・要支援認定を受けている人、事業対象者全員に利用者負担の割合を記載した「介護保険負担割合証」が交付されます（原則7月に送付します）。適用期間は基準日から翌年の7月31日までです。一斉送付時に要支援・要介護認定を受けていない場合は、認定が決定した後に順次送付されます。

　転入にあたっては、前住所地に所得照会を行った後、判定を行うため、負担割合が決定次第、順次送付されます。

　なお、負担割合が2割、3割となり実際の負担額が増えても、利用者の負担額には月額の限

度額があり、上限を超えた場合は高額介護（介護予防）サービス費が支給されます。

用語解説

高額介護（介護予防）サービス費

　介護保険サービスの利用者負担額の1か月あたりの合計額（同一世帯に介護サービス利用者が複数いる場合は合算して計算）が、上限額を超えた場合には、申請すると超えた分が「高額介護（介護予防）サービス費」として支給されます。

④ 負担割合が変更となる場合

1）世帯構成に変更があった場合

- 第2号被保険者から第1号被保険者（65歳）になったとき
　→第1号被保険者となった月の翌月（第1号被保険者となった日が月の初日である場合にはその月）から新たな負担割合を適用
- 第1号被保険者の住民異動、死亡等があったとき
　→第1号被保険者の異動等があった月の翌月（住民異動等が月の初日である場合にはその月）から新たな負担割合を適用

2）所得更正があった場合

　適用開始日（基準日）にさかのぼって新たな負担割合が適用されます。負担割合が変更された場合でも手続きをする必要はありません。市町村の介護保険事業担当課から変更後の負担割合証が送付されます。

3　介護保険負担限度額認定証

① 介護保険負担限度額認定証

　介護保険制度では、特別養護老人ホームや短期入所生活介護・短期療養生活介護の施設等で受ける介護サービスを1～3割の自己負担で利用することができます。ところが、居住費や施設が提供する食事費用は基本的に全額が自己負担です。居住費や食費が、利用者や家族にとって経済的な負担になる場合もあります。そのようなときに利用できるのが負担限度額認定制度です。

　負担限度額認定では、介護保険施設等を利用する際の居住費と食費の自己負担を軽減できま

す。低所得者を対象としており、負担限度額は世帯の所得により決まります。

　負担限度額認定証は、市町村に申請すると発行されます。すでに介護保険施設に入居している場合は、毎年市町村から送付される申請書で申請します。初めて介護保険施設に入居する場合、または短期入所生活介護・短期療養生活介護を利用する場合は、市町村から書類を取り寄せて申請します。

❷ 利用者負担段階

　利用者負担段階は、以下の5つに分けられています（表5-4）。

表5-4　**利用者負担段階**

利用者負担段階	条件
第1段階	世帯全員が住民税非課税で、老齢福祉年金受給者 かつ、預貯金等の合計が1,000万円（夫婦は2,000万円）以下 生活保護受給者
第2段階	世帯全員が住民税非課税で、本人の合計所得金額と課税年金と非課税年金の収入額の合計が年間80万円以下の人 かつ、預貯金等の合計が650万円（夫婦は1,650万円）以下
第3段階(1)	世帯全員が住民税非課税で、本人の合計所得金額と課税年金収入額と非課税年金収入額の合計が年額80万円を超え120万円以下の人 かつ、預貯金等の合計が550万円（夫婦は1,550万円）以下
第3段階(2)	世帯全員が住民税非課税で、本人の合計所得金額と課税年金収入額と非課税年金収入額の合計が年額120万円を超える人 かつ、預貯金等の合計が500万円（夫婦は1,500万円）以下
第4段階	上記のいずれにも該当しない人（住民税世帯課税者）

❸ 負担限度額認定を受けるための要件

　介護保険施設等を利用するときの居住費と食費の負担軽減認定を受けられるのは、以下の2つの要件にあてはまる場合です。

① 　本人と配偶者を含め、世帯全員が住民税非課税であること

② 　預貯金等の合計額が基準額以下であること（表5-4参照）。なお、65歳未満の人は、収入等に関係なく、預貯金の合計が1,000万円（夫婦の場合は2,000万円）以下であること

　　住んでいる地域によって異なる場合があるので、申請の前に確認が必要です。

① 認定調査

　介護保険の被保険者が保険によるサービスを利用するには、介護の必要性の有無やその程度等について保険者である市町村から認定（要介護認定）を受ける必要があります。

　要介護認定は、調査員による調査によって得られた情報および主治医の意見に基づき、市町村におかれる保健・医療・福祉の学識経験者から構成される介護認定審査会において、全国一律の基準に基づき公平・公正に行われます。

　認定調査票は、本人をはじめ家族からの聞き取りで動作等の確認を行います。また、調査員が重要と考えたことや調査項目では表せない状況（具体的な介護の頻度・回数等）、選択した根拠等は、特記事項として記入します。

表5-5　**介護認定に必要な資料**

一次判定等結果票	一次判定と二次判定結果、要介護認定の有効期間、調査項目の選択肢、審査日等が記載されたもの
認定調査票	被保険者の心身の状況等を調査した各認定調査項目に関する介助の方法等について記載されたもの（特記事項を含む）
主治医意見書	被保険者の身体上または精神上の障害の原因である疾病または負傷の状況等について記載されたもの

② 要介護認定

　要介護認定は、認定調査と主治医意見書に基づくコンピュータ判定（一次判定）を行い、その結果と認定調査の特記事項、主治医意見書をもとに、介護認定審査会で審査したうえで行われます（二次判定）。

　一次判定は、統計的な手法を用い、申請者の状態に関する情報を用いて、同様の特徴をもった高齢者グループに提供された介護の手間から申請者の介護量を推定し、さらにこれを要介護認定等基準時間に変換するという構造となっています。

　申請者固有の手間が特記事項や主治医意見書の記載内容から具体的に認められる場合は、必ずしも一次判定結果に縛られずに、要介護度の変更が認められます。

図5-2 要介護認定の基本設計の考え方

状態像

心身の「能力」
「介助」の方法
行動等の「有無」
↓
認定調査項目
↓
中間評価項目得点（5群）

介護の「手間」
（介護の時間）

行為区分ごとの時間
〔食事/排泄/移動/清潔保持/間接ケア
/BPSD関連/機能訓練/医療関連〕
↓
要介護認定等基準時間

一次判定ソフト

出典：厚生労働省「要介護認定 認定調査員テキスト2009 改訂版」2018年を一部改変

5 主治医意見書

❶ 主治医意見書の概要

　被保険者から要介護認定の申請を受けた市町村は、被保険者の「身体上または精神上の障害（生活機能低下）の原因である疾病または負傷の状況等」について、申請者に主治医がいる場合、主治医から意見を求めることとされています。主治医意見書は、主治医によって意見が記入されます。主治医がいない場合には、市町村の指定する医師の診断を受けます。

　要介護認定の結果によって、申請を行った高齢者が介護保険によるサービスを利用できるのかどうか、また利用できる場合には在宅サービスの上限や施設を利用する費用が決定します。したがって、審査判定に用いられる主治医意見書には極めて大きな役割があります。

❷ 主治医意見書の具体的な利用方法

　主治医意見書は、介護認定審査会において以下のように利用されます。

1）第2号被保険者の場合、生活機能低下の直接の原因となっている疾病が特定疾病に該当するかどうかの確認

　申請者が第2号被保険者の場合は、要介護状態の原因である身体上または精神上の生活機能低下が特定疾病によることが認定の要件となっています。介護認定審査会は、主治医意見書に記入された診断名やその診断の根拠として記入されている内容に基づき、申請者の生活機能低

下の原因となっている疾病が特定疾病に該当していることを確認します。そのうえで、介護の必要度等について第1号被保険者と同様に審査および判定を行います。特定疾病に該当している場合の診断根拠については、主治医意見書内に記入が必要です。

2）介護の手間がどの程度なのかの確認（介護の手間にかかる審査判定）

　介護認定審査会では、まず心身の状況に関する74項目の調査項目と主治医意見書に基づく一次判定結果を原案として、介護の手間にかかる審査判定を行います。

　審査判定にあたっては、認定調査票の特記事項や主治医意見書に記入された医学的観点からの意見等を加味して、介護の手間の程度や状況等を総合的に勘案します。したがって、必要に応じて一次判定結果は変更されます。

3）状態の維持・改善可能性の評価（状態の維持・改善にかかる審査判定）

　介護認定審査会における介護の手間にかかる審査判定において「要支援2」「要介護1」「要介護認定等基準時間が32分以上50分未満である状態またはこれに相当すると認められる状態」と判定された者に対しては、続いて状態の維持・改善可能性にかかる審査判定を行い、「要支援2」「要介護1」のいずれの要介護状態等区分に該当するか判定を行います。

　審査判定にあたっては、認定調査項目や特記事項、主治医意見書に記入された医学的観点からの意見等を加味して、心身の状態が安定していない者や認知症等により予防給付の利用にかかる適切な理解が困難な者を除いた者が「要支援2」と判定されます。

4）認定調査による調査結果の確認・修正

　認定調査員による認定調査は、通常は1回の審査に対して1回行うこととされており、また、認定調査員の専門分野も医療分野に限らずさまざまです。したがって、申請者に対して長期間にわたり医学的管理を行っている主治医の意見のほうが、より申請者の状況について正確に把握していることが明らかな場合には、介護認定審査会は認定調査員の調査結果を修正し、改めて一次判定からやり直すこととなります。

5）ケアプラン作成時の利用

　ケアプランの作成にあたり、主治医意見書を通じ、医学的な観点による介護サービスを提供する際の意見や留意点等を、申請者等の同意を得たうえでサービス提供者に提供することになります。

6 運営規程

運営規程とは、事業所の適正な運営および利用者に対する適切なサービスの提供を確保するため、事業の目的や運営の方針、定員などの重要事項を明らかにしたものです。運営規程の概要は、事業所での掲示だけでなく閲覧可能な形でファイル等で備え置くことをしなければなりません。

居宅介護支援事業所はサービスの提供にあたって、利用者またはその家族に対して、運営規程などの重要事項説明書を交付して説明を行い、同意を得ることとされています。

7 重要事項説明書／契約書

重要事項説明書はサービス提供の開始に際し、あらかじめ利用申込者またはその家族に対し、サービスを選択するために必要な重要事項について説明を行うものです。

契約書は、サービスを利用するにあたり最終的な同意を確認する書類です。居宅介護支援の利用にあたり、利用者との間に取り交わすもので、多くの場合、詳細な内容については書かれていません。

一方、重要事項説明書は、契約の中身について詳しく説明している書類です。重要事項説明書および契約書のそれぞれについて、何が書かれていて、何を契約するのかまずは介護支援専門員自身がしっかり把握します。契約の中身は、「ケアプランを作成すること」ではなく、「ケアプランに基づいてサービスを利用した結果として、生活全般の解決すべき課題（ニーズ）を達成すること」です。

契約の目的を果たしていくために、居宅介護支援事業者がすべきこと、利用者がすべきこと、居宅介護支援事業者がしてはいけないこと、利用者がしてはいけないことを、利用者や家族が理解できるようにわかりやすく説明することが必要です。

8 個人情報の使用にかかる同意書

個人情報取扱事業者は、特定された利用目的の範囲を超えて個人情報を取り扱うことができず（個人情報の保護に関する法律第18条第1項）、その範囲を超える場合には、本人の同意が必要です。

そのため個人情報の使用にかかる同意書は、居宅介護支援事業所が介護保険制度を活用して利用者の自立に向けた支援を行う際、利用者および家族の個人情報の利用にあたり、利用目的や利用範囲、利用条件について記載した書類です。

表5-6　個人情報の利用目的および利用範囲の例

- 適切なサービスを円滑に行うために、連携が必要な場合の情報共有のため
- サービス提供にかかる請求業務などの事務手続きのため
- サービス利用にかかわる管理運営のため
- 緊急時の医師・関係機関への連絡のため
- 家族および後見人などへの報告のため
- サービスの維持・改善にかかる資料のため
- 職員研修などにおける資料のため
- 法令上義務づけられている、関係機関（医療・警察・消防等）から依頼があった場合
- 損害賠償責任などにかかる公的機関への情報提供が必要な場合
- 特定の目的のために同意を得たものについては、その利用目的の範囲内で利用する場合

など

　また、使用条件として、個人情報の提供は必要最低限とし、サービス提供にかかわる目的以外に利用しないこと、サービス利用にかかわる利用者との契約の締結前からサービス終了後においても、第三者に漏らさないことなどを定めておきます。その他、個人情報を使用した会議の内容や参加者などについて記録し、請求があれば開示することなども明らかにしておきます。

9　居宅サービス計画作成依頼（変更）届出書

　居宅介護支援を法定代理受領サービスとして利用する場合、あらかじめ市町村に届け出ている必要があります。居宅サービス計画作成依頼（変更）届出書（表5-7）とは、被保険者がケアプランの作成を居宅介護支援事業者に依頼した際に市町村に提出する書類です。

　また、ケアプランの作成を依頼した事業所を変更する場合（要支援→要介護、要介護→要支援により変更する場合を含む）も、届出が必要です。

　届出書の提出がない場合は、償還払い（サービス事業者は、本人から費用の全額を受領し、本人が後日介護保険へ 9 割から 7 割分を請求する方法）の手続きによることになります。

　なお、市町村によっては独自のルール（いわゆるローカルルール）を定めている場合があります。実際の業務にあたっては市町村に確認することが必要です。

表5-7　居宅サービス計画作成依頼（変更）届出書

区　分
新規　・　変更

被　保　険　者　氏　名	被　保　険　者　番　号									
フリガナ										
	個　人　番　号									
	生　年　月　日									
	年		月			日				

居宅サービス計画の作成を依頼（変更）する居宅介護支援事業者	
居宅介護支援事業所名	居宅介護支援事業所の所在地　〒
	電話番号
居宅介護支援事業所番号	サービス開始（変更）年月日
	年　　　　月　　　　日
居宅介護支援事業所を変更する場合の理由等	※変更する場合のみ記入してください。

○○市（町村）長　様

　上記の居宅介護支援事業者に居宅サービス計画の作成を依頼することを届け出ます。

　　　　年　　　　月　　　　日

　　　　　　　　〒

　　　　　住　所

　　　被保険者　　　　　　　　　　　　　　　　電話番号

　　　　　氏　名

　　居宅サービス計画の作成を依頼（変更）する居宅介護支援事業者が居宅介護支援の提供に当たり、被保険者の状況を把握する必要がある時は、要介護認定・要支援認定に係る調査内容、介護認定審査会による判定結果・意見及び主治医意見書を当該居宅介護支援事業者に必要な範囲で提示することに同意します。

　　　　　　　　　　　　　　　年　　　月　　　日　　氏名

（注意）　1　この届出書は、要介護認定の申請時に、又は居宅サービス計画の作成を依頼する居宅介護支援事業所が決まり次第速やかに ○○市（町村） へ提出してください。
　　　　　2　居宅サービス計画の作成を依頼する居宅介護支援事業所を変更するときは、変更年月日を記入の上、必ず ○○市（町村） へ届け出てください。届出のない場合、サービスに係る費用を一旦、全額自己負担していただくことがあります。

保険者確認欄	□　被保険者資格　　　□　届出の重複
	□　居宅介護支援事業者事業所番号

10 課題整理総括表／評価表

❶ 課題整理総括表の目的

　課題整理総括表（表5-8）の目的は、介護支援専門員が把握した要介護者等の基本的な情報を多職種間で共有するとともに、専門職である介護支援専門員としてどのような考えで要介護者等の「生活全般の解決すべき課題（ニーズ）」を導き出したのかを表現することにあります。この「第2表 居宅サービス計画書⑵」の「生活全般の解決すべき課題（ニーズ）」を導き出すにあたっては、アセスメントツールを活用して整理・抽出した利用者の現状や有する能力を勘案しつつ、利用者が生活の質を維持・向上させていくうえで生じている課題を明らかにするとともに、その解決すべき課題を抽出するまでの間に、専門職としてどのような考えで課題分析を行ったのか明らかにすることです。そのため、課題整理総括表で整理された「改善／維持の可能性」と「見通し」を踏まえることで、「第2表 居宅サービス計画書⑵」の内容、つまり長期目標・短期目標や援助内容を精査しやすくなるのです。これらにより介護支援専門員の考えが整理でき、利用者支援にあたっての総合的な援助の方針の根拠を示すことができます。

❷ 課題整理総括表の活用

　また、専門職としての課題分析過程を明らかにすることで、サービス担当者会議や地域ケア会議等の場における多職種との情報共有・連携等を効果的に実施できます。

　その他、課題整理総括表は利用者の生活全般の解決すべき課題（ニーズ）を導くにあたり、利用者等がどのような生活をしたい、あるいはできるようになりたいと望んでいるかなど、意向を引き出しつつ専門職として客観的に判断する根拠となります。

❸ 課題整理総括表の活用の基本的な考え方

　課題整理総括表はアセスメントツールではなく、情報の収集と分析を行い、課題を抽出するにあたり、利用者の状態と要介護状態等の改善・維持等の可能性に照らして、課題のとらえ方に抜けや漏れがないかどうかをまとめる総括表です。

　したがって、課題整理総括表だけでアセスメントを終えることは適切ではありません。利用者・家族あるいはその他の関係職種等からの情報収集を終え、アセスメントツール等を用いて情報の整理・分析を行うことが必須です。そのうえで、ケアプラン（原案）の作成にかかる前のタイミングで、課題整理総括表を作成します。

　課題整理総括表は介護支援専門員の専門職としての考え、つまり「介護支援専門員として、さまざまな情報の収集・分析の結果、このような課題があると考えられる」という思考を整理して記載することを想定しています。

ただし、これは利用者・家族の意向を無視して介護支援専門員の考えだけで課題整理をしてよいということではありません。課題整理総括表は情報の収集と分析が終わった後、課題整理の総括として作成することが想定されています。情報の収集過程では当然、利用者・家族の生活に対する思いや意向、生活歴等が把握されていることが前提です。

　したがって、介護支援専門員が作成する課題整理総括表は、こうした利用者・家族の思いや状況をふまえて、「専門職である介護支援専門員として、あなたのお話をこうとらえた」「今後、望む生活の実現に向けてこういった課題があると考えるがどうか」という介護支援専門員として専門性を活かした課題分析の結果を整理したものとなります。

❹ 評価表

　評価表（表5-9）は、利用者のニーズに対応するためにケアプランに掲げた短期目標に着目し、設定した期限の終了時期における目標の達成度合いを表現するものです。短期目標の終了時期に、サービスを提供する関係者の間で、目標の達成度合いとその背景（想定よりもうまくいった要因、達成できなかった要因、新たに把握された生活上の課題等）を分析・共有することで、次のケアプランに向けた再アセスメントがより有効になります。

表5-8 課題整理総括表

利用者名　　　　　　　　　　　　　殿　　　　　　　　　　　　　　　　　　作成日　　　／　　　／　　　　／　　　／

自立した日常生活の阻害要因 (心身の状態、環境等)	①	②	③
	④	⑤	⑥

利用者及び家族の生活に対する意向	

状況の事実 ※1		現在 ※2			要因※3	改善/維持の可能性※4		備考 (状況・支援内容等)	見通し ※5	生活全般の解決すべき課題 (ニーズ) 【案】 ※6
移動	室内移動	自立	見守り	一部介助	全介助		改善 維持 悪化			
	屋外移動	自立	見守り	一部介助	全介助		改善 維持 悪化			
食事	食事内容	支障なし		支障あり			改善 維持 悪化			
	食事摂取	自立	見守り	一部介助	全介助		改善 維持 悪化			
	調理	自立	見守り	一部介助	全介助		改善 維持 悪化			
排泄	排尿・排便	支障なし		支障あり			改善 維持 悪化			
	排泄動作	自立	見守り	一部介助	全介助		改善 維持 悪化			
口腔	口腔衛生	支障なし		支障あり			改善 維持 悪化			
	口腔ケア	自立	見守り	一部介助	全介助		改善 維持 悪化			
服薬		自立	見守り	一部介助	全介助		改善 維持 悪化			
入浴		自立	見守り	一部介助	全介助		改善 維持 悪化			
更衣		自立	見守り	一部介助	全介助		改善 維持 悪化			
掃除		自立	見守り	一部介助	全介助		改善 維持 悪化			
洗濯		自立	見守り	一部介助	全介助		改善 維持 悪化			
整理・物品の管理		自立	見守り	一部介助	全介助		改善 維持 悪化			
金銭管理		自立	見守り	一部介助	全介助		改善 維持 悪化			
買物		自立	見守り	一部介助	全介助		改善 維持 悪化			
コミュニケーション能力		支障なし		支障あり			改善 維持 悪化			
認知		支障なし		支障あり			改善 維持 悪化			
社会との関わり		支障なし		支障あり			改善 維持 悪化			
褥瘡・皮膚の問題		支障なし		支障あり			改善 維持 悪化			
行動・心理症状 (BPSD)		支障なし		支障あり			改善 維持 悪化			
介護力 (家族関係含む)		支障なし		支障あり			改善 維持 悪化			
居住環境		支障なし		支障あり			改善 維持 悪化			

※1　本表式は総括表でありアセスメントツールではないため、必ず別に詳細な情報収集・分析を行うこと。なお「状況の事実」の各項目は課題分析標準項目に準拠しているが、必要に応じて追加して差し支えない。

※2　介護支援専門員が収集した客観的事実を記載する。選択肢に○印を記入。

※3　現在の状況が「自立」あるいは「支障なし」以外である場合に、そのような状況をもたらしている要因を、様式上部の「要因」欄から選択し、該当する番号 (丸数字) を記入する (複数の番号を記入可)。

※4　今回の認定有効期間における状況の改善/維持/悪化の可能性について、介護支援専門員の判断として選択肢に○印を記入。

※5　「要因」および「改善/維持の可能性」を踏まえ、要因を解決するための援助内容と、それが提供されることによって見込まれる事後の状況 (目標) を記載する。

※6　本計画期間における優先順位を数字で記入。ただし、解決が必要だが本計画期間に取り上げることが困難な課題には「─」印を記入。

表5-9 評価表

利用者名 ＿＿＿＿＿ 殿　　　　　　　　　　　　作成日　／　／

短期目標	(期間)	援助内容			結果 ※2	コメント (効果が認められたもの/見直しを要するもの)
		サービス内容	サービス種別	※1		

※1 「当該サービスを行う事業所」について記入する。 ※2 短期目標の実現度合いを5段階で記入する（◎：短期目標は予想を上回って達せられた、○：短期目標は達せられた（再度アセスメントして新たに短期目標を設定する）、△：短期目標は達成可能だが期間延長を要する、×1：短期目標の達成は困難であり見直しを要する、×2：短期目標だけでなく長期目標の達成も困難であり見直しを要する）

110

11 第5表 居宅介護支援経過

　居宅介護支援経過には、モニタリングを通じて把握した、利用者やその家族の意向・満足度、目標の達成度、事業者との調整内容、ケアプランの変更の必要性などのほか、介護支援専門員がふだんの活動を通じて把握したことや判断したこと、持ち越された課題などを記録の日付や情報収集の手段と併せて記載します。

　また、支援の経過を記録として残すことは、自身の業務の"証"になりますし、自身の支援の振り返りの素材として活用することもできます。その他、トラブルや問題が生じた際の証拠にもなり、トラブルの回避につながります。

　なお、モニタリングにあたり、その結果を1か月以上記録していない場合、運営基準減算の対象となります。

Column　SOAP

　SOAPとは、主に看護記録を記入する際の形式の1つです。単に経過のみを記録していくのではなく、利用者の問題点を抽出し、「S（subjective）：主観的情報」「O（objective）：客観的情報」「A（assessment）：評価」「P（plan）：計画（治療）」の4つの項目に沿って記載します。

12 個別サービス計画

　個別サービス計画は、ケアプランに位置づけられたサービス提供事業所が作成するサービス計画書です。介護支援専門員が作成するケアプランをもとに、各サービス提供事業所がアセスメントのうえ利用者に提供するサービス内容を示すもので、サービス提供事業者が具体的な援助方針やサービス内容を踏まえて作成します。

　ただし、ケアプランに反する内容のものは記載できません。あくまでもケアプランに沿って作成します。

- 介護支援専門員は、サービス提供事業者に対し、個別サービス計画の提出を求め、ケアプランと個別サービス計画の連動性や整合性について確認します。
- ケアプランと個別サービス計画との連動性を高め、居宅介護支援事業者とサービス提供事業者の意識の共有を図ることが重要です。
- サービス提供事業者は、ケアプランに沿って個別サービス計画を作成しなければならないため、ケアプランには具体的な目標やサービス内容、加算等についても漏れなく記載します。

● 介護支援専門員は、ケアプランをサービス提供事業者に交付するときに限らず、必要に応じて継続的に連携することが、効果的なサービスにつながります。

❶ 訪問介護計画

　訪問介護計画とは、サービス提供責任者が作成する訪問介護の提供に関する計画書です。訪問介護計画には、ケアプランをもとにした具体的なサービスの内容、手順、提供方法などが記載されています。利用者に実際に訪問介護を提供する前に、内容を確認するための書類です。

　訪問介護計画を作成したサービス提供責任者だけではなく、そのサービスを受ける利用者やその家族、訪問介護を提供する訪問介護員も確認します。計画書には利用者に合った短期目標や長期目標、援助内容が位置づけられます。また日々の介護が適切に行われているか、目標を達成することができるか、計画の見直しは必要ないかなどの確認ができます。サービスを提供される利用者は、次の目標を見据えながら生活することができます。

❷ （地域密着型）通所介護計画

　通所介護計画とは、通所介護を提供するにあたって、利用者の心身の状況や利用者の希望、利用者がおかれている環境を踏まえて機能訓練などの目標や提供するサービスの内容、その実施状況などを記載する書類です。

　ケアプランの内容に沿い、通所介護事業所の管理者が中心となって作成します。作成後は、目標の達成状況を適宜評価・再アセスメントして、利用者の変化に合わせて計画を見直します。

　また、通所介護事業所の管理者は、通所介護計画の内容について利用者やその家族に説明し、利用者の同意を得なければなりません。その後、利用者へ通所介護計画を交付します。

❸ 福祉用具サービス計画（福祉用具貸与計画、特定福祉用具販売計画）

　福祉用具サービス計画とは、利用者の希望、心身の状況およびそのおかれている環境を踏まえ、福祉用具貸与（販売）の目標、目標を達成するための具体的なサービスの内容等を記載したものです。ケアプランに記載されている生活上の目標とその実現を支援するサービスのうち、福祉用具サービスに関する具体的な内容を示したものになります。

❹ 訪問看護計画／訪問看護報告書

　訪問看護計画とは、訪問看護を提供するにあたって、主治の医師の指示、利用者の希望や心身の状況等を踏まえ、療養上の目標、目標を達成するための具体的なサービスの内容等を記載する書類です。なお、すでにケアプランが作成されている場合は、その内容に沿って作成します。

　主治医と連携を図り、適切な訪問看護を提供するため、定期的に主治医や介護支援専門員に

対して訪問看護計画および訪問看護報告書を提出します。

　また、ケアプランに基づき訪問看護を行い、介護支援専門員から訪問看護計画の提供の求めがあった場合は、提供するよう努めるものとされています。

用語解説

訪問看護指示書

　訪問看護指示書とは、訪問看護を受ける際に必要となる指示書です。訪問看護を利用する場合は、本人・家族が主治医に訪問看護を依頼し、医師が必要であると認めれば、居宅介護支援事業所の介護支援専門員のケアプランに訪問看護を組み入れてもらいます。その後、依頼を受けた訪問看護事業所は、主治医から訪問看護指示書を受けて、ケアプランに沿った訪問看護計画に基づいて訪問看護を実施します。

訪問看護報告書

　訪問看護報告書とは、訪問看護指示書を交付する主治医に対し、訪問看護を提供した内容を報告するための書類です。訪問看護事業者は、主治医との連携を図り、適切な訪問看護を提供するため、訪問看護計画および訪問看護報告書を定期的に主治医に提出します。

　主治医は、利用者の診療結果と、訪問看護から提出された訪問看護計画と訪問看護報告書をもとに、訪問看護の必要性の有無を判断します。

❺ （訪問・通所）リハビリテーション計画

　リハビリテーション計画とは、訪問・通所リハビリテーションを提供するにあたって、医師がリハビリテーションを指示する際にその目的や方法などについて説明するための書類です。

① 訪問または通所リハビリテーションを初めて実施するにあたって作成し、利用者の同意を得て交付します。

② 利用者の心身の状態、生活環境を踏まえ、利用者の希望、リハビリテーションの目標と方針、健康状態、リハビリテーションの実施上の留意点、リハビリテーション終了の目安・時期などを記載します。

　すでにケアプラン等が作成されている場合には、その内容に沿って計画を立案します。全体のケアマネジメントとリハビリテーションマネジメントとの両者におけるアセスメントや計画書の基本的考え方や表現などが統一されていることが望まれます。

③ 計画の進捗状況を、初回はサービス提供開始からおおむね2週間以内、その後はおおむね3か月ごとに評価し、必要に応じて見直します。計画の見直しに伴い、ケアプランを変更する必要がある場合は、速やかに介護支援専門員に情報提供を行います。また、リハビリテーション事業所とは別の医療機関で計画的な医学的管理を行っている医師やほかの居

宅サービス事業所の担当者に適宜情報提供を行い、利用者のよりよい在宅生活を支援するものとなるように配慮が必要です。

> **Point**
>
> 　理学療法士・作業療法士・言語聴覚士による訪問看護と訪問リハビリテーションについては、人員、設備および運営に関する基準が異なるほか、医師の指示においても指示機関や内容が異なります。
>
> 　訪問看護からのリハビリテーションは、在宅医療の主治医の訪問看護指示書に従って実施します。一方、訪問リハビリテーションは、事業所の医師の指示においてリハビリテーションを提供します。

❻ 訪問入浴介護計画

　訪問入浴介護計画とは、訪問入浴を提供するにあたって、湯の温度、入浴時間、入浴介護時の体位・姿勢・洗い方などの項目について説明するための書類です。訪問入浴介護において、訪問入浴介護計画の作成は義務づけられていません。ただし、介護サービス情報の公表制度における訪問入浴介護の調査項目には、訪問入浴介護計画の作成が評価項目の１つとして位置づけられています。

　ケアプランが作成されている場合は、その内容に沿って訪問入浴介護を提供します。

　サービス提供にあたり、安心・安全な入浴ときめ細かなサービスを提供するため、主治医の意見書が必要となります。意見書には、入浴に際する血圧・脈拍・体温・血中酸素濃度などバイタルサインの許容範囲や入浴時の留意点、医療的指示事項などが盛り込まれています。

❼ 短期入所生活介護計画

　短期入所生活介護計画とは、利用者の心身の状況、希望、環境を踏まえて、短期入所生活介護の提供の開始前から終了後までの利用者が利用するサービスの継続性に配慮し、サービスの目標と目標達成のための具体的なサービス内容等を記載した書類です。

　短期入所生活介護計画の作成者は、介護の提供にかかる計画等の作成に関し経験のある者や、介護の提供について豊富な知識および経験を有する者にそのとりまとめを行わせるものとし、当該事業所に介護支援専門員の資格を有する者がいる場合は、その者が当該計画の作成をします。

　短期入所生活介護計画は、おおむね４日以上連続して利用する場合に作成が義務づけられています。ただし、４日未満の利用者にあっても、利用者を担当する居宅介護支援事業者等と連携をとること等により、利用者の心身の状況等を踏まえて、ほかの短期入所生活介護計画を作

成した利用者に準じて、必要な介護および機能訓練等の援助を行います。

⑧ 短期入所療養介護計画

　短期入所療養介護計画とは、医師の診療方針の下、利用者の心身の状況、病状、希望、環境に配慮し、居宅におけるケアプランを考慮しつつ、利用者の日々の療養状況に合わせて具体的なサービス内容等を記載した書類です。

　具体的に計画書には、利用の目的や解決すべき課題・援助目標などを記載します。1日のスケジュールを記載する欄もあり、日常生活上の活動や担当者、サービス内容なども記載します。

　以上、介護支援専門員が日常のケアマネジメントを実施するうえで、必要な書類等について解説しました。どの書類も介護保険制度上では必要な種類です。各書類の目的や記載内容を理解し、利用者をはじめ家族等に説明ができるように習得してください。

第6章

"こんな場合はどうする?" 介護支援専門員業務のQ&A

介護支援専門員がふだんの業務のなかで遭遇しやすい困りごとや悩みなどをQ&A方式で解説しています。ふだんの業務でこのような場面に出会ったときに参考にしてください。

利用者宅での場面

Q.1
利用者からお茶やお菓子を出されたら、どうしたらよいですか。

Answer まずは、丁寧にお断りしましょう。

　日本人には、来客に対してお茶やお茶請けのお菓子等を出す風習があります。ましてや、わざわざ自宅に来て介護のことで親身になって聞いてくれる介護支援専門員に対し、せめてお茶くらいは……と思う利用者は多いものです。介護支援専門員の立場は、公的なものであり、倫理的に考えれば業務としての報酬もありますから、お茶やお菓子も含め金品等の授受は原則できません。禁止されている事業所も多いと思います。まずは、丁寧にお断りしましょう。しかし、地域性もあり、利用者や家族のせっかくのもてなしをすぐさま断ると、その後の信頼関係にひびが入ってしまうことも考えられます。状況によっては、ありがたくもらうほうがコミュニケーションや信頼関係の構築のために、よい場合もあると思われます。利用者とは事業所として契約をしており、個人で支援にあたっているわけではありません。個人で悩まず先輩や管理者にも相談し、事業所で意見交換をして対応や方針を決めるとよいと思われます。

　気をつけたいのが、初回の訪問でお茶やお菓子等をもらってしまうと、次回もお茶やお菓子を出されてしまい、エスカレートすると食事を用意されたり、お土産を渡されたりしかねません。

　断る際は、例えば以下のように伝えましょう。

- 「事業所の決まりになっていて、いただくことができません」
- 「飲み物は持っているので大丈夫です」
- 「コロナの感染予防のためマスクを外すことができません」

なぜ受け取ることができないのか、誠意をもって理由を丁寧に伝えることが大切です。

　介護支援専門員は、お客様として訪問しているのではありません。あくまでも専門職として業務で訪問しています。利用者・家族に気遣いをさせないように配慮していきましょう。

Point
- 事業所内である程度の方針を話し合っておく
- 専門職として、日頃から利用者・家族に気遣いされない配慮を

Q.2

利用者から、お歳暮やお礼などが事業所に届いてしまいました。

Answer 丁寧にお断りし、返送しましょう。

　利用者にとっては、精一杯の気持ちの表れであったり、地域の風習であったりすると思いますので、対応が悩ましいところです。管理者や上司等に報告し、まずはお礼を伝え、そのうえで受け取ることはできない旨を説明し、返送しましょう。受け取れない理由として、「受け取ってしまうと法的に違反となり、今後はもううかがえなくなってしまう」と伝えるのも1つの方法です。安易に受け取ってしまうと、その後何度も送られてきてしまう可能性があるので、初回の対応が重要です。また、自分が連絡するのではなく、事業所の管理者や上司等から連絡してもらうと、角が立たずに済むことが多いので協力してもらうとよいでしょう。

　事業所としてあらかじめ共有しておき、重要事項説明書に金品の授受はできないことを明記し、契約時に伝えるなど、対策を講じておくとよいでしょう。

　このような場合の対応には、介護支援専門員としての倫理観が重要になってきます。専門職として行わなければならないことを念頭において、倫理を守っていきたいものです。

　例えば、金品を受け取る、法令に違反する、服装や言葉が適切でないなど、1人でも信用をなくすような行為を行い、それが世間に広まれば、その他の介護支援専門員の信用を失墜させることになります。襟を正して、倫理観をもって業務にあたりたいものです。

Point

- 自分1人で対応せず、管理者や上司から先方へ連絡を入れてもらう
- 介護支援専門員としての倫理観が重要

Q.3

利用者からの電話が毎回長くて、困っています。

Answer 緊急性の有無を判断し、対応しましょう。

利用者やその家族からの電話が1時間も2時間も続いたり、業務時間外に頻回にかかってくると、業務そのものやプライベートにまで影響が出てしまい困りますよね。担当者だけでなく、事務所にかかってきた電話を受けたほかの従業員も、長電話に巻き込まれる可能性があります。

まずは、「何を言いたいのか（伝えたいのか）」「なぜ、電話をかけてきたのか」を見極める必要があります。緊急性があるのか、本当に用事があるのか、クレームや愚痴なのか、寂しいからかけてくるのか、精神疾患や認知症のために判断力が低下しているからなのかなど、長電話の理由や内容を分析しましょう。事業所でカンファレンスや事例検討会を行って、ほかの介護支援専門員の意見を聞いたり、対応策を一緒に考えたりするのも1つの方法です。

電話の対応にあたり、緊急性があるかどうかを判断することが一番重要です。生命に危険があるような場合やすぐに対応する必要がある際、「医師（病院）に連絡をする必要があるので、いったん切らせていただきます」と言いすぐに電話を切って関係機関へ連絡します。

緊急性がない場合は、相手の話の内容を適宜要約して、こちらが理解をしていることを共有し、話を受け止めながら、相手が何を望んでいて、それにどのように対応できるか（解決策）を明確に伝えないと、延々と相手の話ばかりが続いてしまいます。長電話の場合、こちらの話す時間が少なく、相手が一方的に話していることが多くみられます。聞き流すだけでなく、できることとできないことを明確にして適宜伝えることも大切です。

具体的な対応策として、例えば以下のように伝えましょう。

- 「○○時までなら、お話しできます」
- 「○○時から、訪問がある（会議や研修があるなど）ので、一度切らせていただきます」
- 「トイレに行くので一度切らせていただきます」
- 「お腹が痛いので一度切らせていただきます」

また、業務時間外にかかってくる電話については、緊急時以外はその場では話を聞かず、業務時間内にかけ直すことにして、すぐに電話を切るというのも対応の1つです。そうしないと、昼夜を問わず電話がかかってくることになります。根気強く実行してみましょう。

Point

- 緊急性の有無を判断することが重要
- できること、できないことを明確に伝える

Q.4
訪問の際、話が終わらず帰れないときはどうしたらよいですか。

Answer 訪問の目的や所要時間をあらかじめ伝えましょう。

アポイントを取る際、利用者・家族に何時から何時までの訪問になるか、おおよその所要時間を伝えていますか？　例えば初回アセスメントであれば、「初回なので、契約やこれまでの経過をうかがうため、1時間くらい予定しておいてください」などと伝えてみましょう。2回目以降のモニタリング訪問では、「30分程度でおいとまします」など、サービス担当者会議の開催などでは、「〇〇事業所と、△△事業所と、介護支援専門員の3人でうかがいます。30分程度、計画書について話し合いをさせてください」などのように、その訪問で何をするのか、どのくらい時間がかかるのかを、内容とおおよその時間をあらかじめ伝えておくとよいでしょう。初回のアセスメントや契約にあっては、時間が長くなると思いますが、相手も疲れてしまうので、長時間にならないようにしたいところです。初回訪問の時間が長くなってしまうと、2回目以降の通常のモニタリング訪問も、「介護支援専門員は、話を長く聞いてくれる人」とみなされ、訪問時間が長くなってしまいがちです。通常のモニタリング訪問は30分程度で済むように調整したいものです。

訪問時間を有効にするためには、訪問時の冒頭に以下のことをしっかりと伝えましょう。

- 何を話すか（目的、利用票を渡す、モニタリングなど）
- 何時まで滞在できるか（訪問にかかる時間、〇〇時には帰りますなど）

それでも、長くなってしまう場合は、時間になったら途中でも「続きはまた次回聞かせてください」「次の予定がありますので」と切り上げたり、事業所から電話をかけてもらったり、携帯電話にアラームをセットしておいて鳴らし「急用ができました」「事務所に戻るように言われました」などと帰らなければならない状況をつくるのも効果的です。ただし、毎回だと疑われますが……。もしその利用者が話好きで、日頃から話し相手が必要というニーズがあるのなら、話を聞くのは介護支援専門員だけではなく、傾聴ボランティアなどの利用を提案してみるのはいかがでしょうか。

> **Point**
> - 長時間になりそうな場合の切り上げ方を複数用意しておこう
> - お話が好きな方には傾聴ボランティア等も活用しよう

虐待と思われるケースを発見したときは、どう対応したらよいですか。

Answer 虐待を発見した際は、通報の義務があります。

　高齢者虐待の防止、高齢者の養護者に対する支援等に関する法律（高齢者虐待防止法）には、虐待の種類として①身体的虐待、②介護・世話の放棄・放任、③心理的虐待、④性的虐待、⑤経済的虐待が示されています（表6-1）。

表6-1　**虐待の種類**

身体的虐待	殴る、蹴るなどの暴行や身体拘束など
介護・世話の放棄・放任（ネグレクト）	食事や水分を与えない、受診させない、おむつを替えないなど
心理的虐待	怒鳴る、脅す、侮辱する、無視するなど
性的虐待	わいせつな行為、下半身を裸のままにするなど
経済的虐待	年金や預貯金等をとりあげるなど

　虐待は、家族などの養護者だけではなく、施設（通所先や入所先等）の職員が行うケース等もあります。介護支援専門員が直接発見する場合や、サービス事業所からの報告で発覚することもあります。

　虐待は、「疑い」の段階でも通報義務があります（一部通報努力義務あり）。虐待と思われるケースを発見したら、上司や管理者に報告・相談した後、地域包括支援センターへ報告し、市町村（保険者）と共有します。さらに、利用者にかかわるサービス事業所などとも情報を共有し、例えば訪問介護の入浴介助の際、あざがないかどうか観察をしてもらったり、サービス中に怒鳴り声は聞かれないかなど、情報収集や観察の協力を求めましょう。必要に応じて、サービス担当者会議や地域ケア会議を開催して、情報共有や解決策について検討します。

高齢者虐待防止法

（通報を受けた場合の措置）

第９条２　市町村又は市町村長は、第７条第１項若しくは第２項の規定による通報又は前項に規定する届出があった場合には、当該通報又は届出に係る高齢者に対する養護者による高齢者虐待の防止及び当該高齢者の保護が図られるよう、養護者による高齢者虐待により生命又は身体に重大な危険が生じているおそれがあると認められる高齢者を一時的に保護するため迅速に老人福祉法第20条に規定する老人短期入所施設等に入所させる等、適切に、同法第10条の４第１項若しくは第11条の第１項の規定による措置を講じ、又は、適切に、同法第32条の規定により審判の請求をするものとする。

老人福祉法では、やむを得ない事由がある場合の措置として訪問介護、通所介護、短期入所生活介護、小規模多機能型居宅介護、認知症対応型共同生活介護、特別養護老人ホームを利用できるとされています。「やむを得ない事由」とは、介護サービスの契約や介護保険認定の申請を期待することができず、介護サービスを利用することができない場合や、高齢者虐待からの保護、養護者支援のために必要性がある場合とされています。

老人ホームへの入所措置等の指針について

第1　入所措置の目的

　法第11条の規定による養護老人ホームへの入所等の措置は、65歳以上の者であって、在宅において日常生活を営むのに支障があるものに対して、心身の状況、その置かれている環境の状況等を総合的に勘案して、適切に行われるよう努めなければならない。

　なお、同条第1項第2号の規定による特別養護老人ホームへの入所措置については、やむを得ない事由により介護保険法（平成9年法律第123号）に規定する介護老人福祉施設に入所することが著しく困難であると認められるときに限られるものであるが、「やむを得ない事由」としては、

（1）　65歳以上の者であって介護保険法の規定により当該措置に相当する介護福祉施設サービスに係る保険給付を受けることができる者が、やむを得ない事由（※）により介護保険の介護福祉施設サービスを利用することが著しく困難であると認められる場合

（※）　「やむを得ない事由」とは、事業者と「契約」をして介護サービスを利用することや、その前提となる市町村に対する要介護認定の「申請」を期待しがたいことを指す。

（2）　65歳以上の者が養護者による高齢者虐待を受け、当該養護者による高齢者虐待から保護される必要があると認められる場合、又は65歳以上の者の養護者がその心身の状態に照らし養護の負担の軽減を図るための支援を必要と認められる場合

が想定されるものである。

出典：神奈川県「高齢者虐待防止対応マニュアル別冊」2014年より抜粋

Point

● 「疑い」の段階であっても、通報の義務がある

● サービス担当者会議や地域ケア会議などで多職種と情報を共有しよう

利用者や家族からハラスメントを受けた場合、どう対応したらよいですか。

(Answer) 1人で抱え込まずに、毅然と関係者と話し合いましょう。

ハラスメントには、パワーハラスメント、モラルハラスメント、カスタマーハラスメント、セクシュアルハラスメント、スメルハラスメント、マタニティハラスメントなど、その種類は50種類以上ともいわれています。

代表的なハラスメントは、表6-2のとおりです。

表6-2　**職場におけるハラスメントの種類と内容**

パワーハラスメント	同じ職場で働く者に対して、職務上の地位や職場での人間関係などの優位性を背景に、業務の適正な範囲を超えて、精神的・身体的苦痛を与える行為。 例）必要以上に大声で怒鳴ったり、物を投げたりする。遂行不可能な過大な要求をする。能力や業績を過小評価する。
セクシュアルハラスメント	意に沿わない性的誘いかけや好意的態度の要求等、性的な嫌がらせ行為をいう。職場においては、性的な言動により職員を侮辱したり、就業環境を害したりすること。また、その言動への対応により当該職員が不利益を被るケースも多い。 例）不必要に身体に触れる。性的関係を要求し、断った場合、解雇する。身体的な特徴に対して、差別的な言葉を言う。
マタニティハラスメント	妊娠・出産したこと、育児休業等の利用に関する上司・同僚からの言動により、妊娠・出産した女性労働者や育児休業等を申出・取得した男女労働者等の就業環境が害されること。 例）「忙しいときに妊娠するな」、つわりなどによる体調不良を訴えても「迷惑をかけるな」など、妊娠に関する嫌味を言う。「男のくせに育児休業を取るなんてありえない」「夜勤ができないならパートになればいいのに」などと言う。
モラルハラスメント	パワーハラスメントと共通しているが、職場での優位性に関係なく行われる精神的な嫌がらせ行為。本人の知らないうちに陰湿に行われることも多く、怒りなどによる一過性のものではない。 例）周囲を巻き込んで無視する。見下すような態度を取る。長時間にわたり執拗に叱責する。

出典：日本看護協会ホームページ「職場におけるハラスメントの種類と内容」を一部改変

職場におけるパワーハラスメントについては、労働施策の総合的な推進並びに労働者の雇用の安定及び職業生活の充実等に関する法律（労働施策総合推進法）において、セクシュアルハラスメントについては、雇用の分野における男女の均等な機会及び待遇の確保等に関する法律（男女雇用機会均等法）において、妊娠・出産・育児休業等に関するハラスメントについては、男女雇用機会均等法および育児休業、介護休業等育児又は家族介護を行う労働者の福祉に関す

る法律（育児・介護休業法）において、事業主に防止措置を講じることを義務づけています。さまざまなリーフレット等も作成されるなど、企業をはじめ、介護の現場でもハラスメントに対する意識が芽生え、普及啓発がされるようになってきました。

　介護の現場においては、事業所内でのハラスメントと、利用者や家族からのハラスメントの２種類が想定されます。どちらのハラスメントにおいても、ハラスメントを受けたら、個人で抱え込まず、事業所として対応することが大切です。事業者にはあらかじめ相談しやすい体制づくりやマニュアル等の作成が義務づけられていますので、まずは、自分の事業所の体制・対応方法について確認しておきましょう。利用者からのセクシュアルハラスメントやパワーハラスメントなどは、女性介護支援専門員が受けやすいといわれていますので、男性介護支援専門員に担当を変わったり、２人対応で担当したりするなどの対策を細かく立てておくとよいでしょう。

　普及啓発のチラシやポスターを作成している市町村もありますので、参考にして、契約時にチラシを配付するなどの工夫をするのも１つの予防対策となるでしょう。

　また、事業所でハラスメントに困ったら、都道府県に相談窓口がありますので、参考にしてください。

Point
● 勤務先の事業所の対応方針等を確認する
● 担当を２人制にするなどの対策をとろう

利用者から、サービス事業所に対するクレームや苦情を受けたら、どうすればよいですか。

Answer　利用者とサービス事業所の双方に事実を確認しましょう。

まず、クレームと苦情を整理してみましょう。

- クレーム：サービスを受ける側が、期待した水準のサービスが得られなかった際に、金銭や機能、サービス品質などの実質的な補償を求めることを指しています。
- 苦　　情：サービスを受けることにより満たされると期待していた社会的欲求や、自分の気持ちや考えを尊重してもらえると期待していた承認欲求など、心理的な欲求が満たされなかったときに発生するといわれているものです。

いずれにしても、利用者がクレームや苦情を言ってくるのは「得られていない欲求を満たすために起こしている行動である」という側面を理解して対応することが大切になってきます。

利用者からのクレームや苦情は、サービス内容に関することや、人と人との相性、約束が守られないなど、さまざまな内容や理由があると思われます。まずは、クレームや苦情の詳細を聞いて、どのような内容なのか、どうしてほしいのかを確認します。同時にサービス事業所にも、事実関係について確認していきます。どちらか一方だけの話を聞いて判断しないようにします。つまり、どちらに非があるかではなく、何が問題になっているのか、その原因を明らかにしていくことが重要です。利用者にとってはクレームでも、事業所にとってはそのようにとらえていない場合もありますし、単なる連絡ミスや勘違いの場合もあります。原因をしっかり究明して、最善の解決策を利用者とサービス事業所とともに検討していきましょう。ただし、物を壊したり、危害を加えられたりなどの行為は、損害賠償や法的に対応しなければならない場合もあります。必要に応じて上司や管理者に同行してもらうなど、事業所として対応していきましょう。また、事業所でも管理者や上司に報告するだけでなく、職員全員でクレームや苦情の内容を共有していく必要があります。情報の共有と同時に、クレームや苦情の内容、対応の結果などの経過を記録に残し、同じことが起こらないように振り返りをします。クレームや苦情の内容によっては（悪質で意図的な場合など）、市町村（保険者）への報告が必要な場合もあります。その場合も、上司や管理者とよく検討したうえで対応していきましょう。

Point

- どちらか一方だけの意見で判断するのは避けよう
- どちらに非があるかではなく、問題となっている原因を探ろう

Q.8 医療職や家族との間で、治療方針について板挟みになって困っています。

Answer 医療職・家族の双方の思いをすり合わせ、橋渡しをしていきましょう。

　主治医や訪問看護・リハビリテーションのセラピスト等の医療職の意向や思いと、家族の望む治療方針や思いなどが食い違い、介護支援専門員が間に入って、板挟みになってしまう場合があると思います。家族自身がしっかりと自分たちの意向や思いを伝えられる場合はよいのですが、医療職が発する難しい専門用語が理解できず、介護支援専門員に相談してくることも多いようです。また、医療職は生命にかかわることを優先しますが、家族にはそのような危機感がなく（実感できず）、「そんなことはしなくていい」と思ったり、経済的な理由などがあってもそのことを言えずに、結果として「家族が拒否した」とレッテルを貼られてしまうこともあります。

　また、逆のパターンもあります。例えば終末期の利用者の治療について、食事や水分が摂れなくなってきて、家族は「点滴をしてほしい」と医師に依頼したとします。医師からは「この状態での点滴はしません」と言われ、家族は「本人がこんなにつらそうなのに先生は何もしてくれない」と思ってしまいます。治る見込みがないことは家族もわかっているのですが、それでもどんどん弱っていく利用者を何もしないでただ見ているだけでは気が済まず、自分たちは何もできないが、医師なら何かできるのではないかという思いから、「せめて、点滴でもしてほしい」という気持ちはよくわかります。一方、医師としては、終末期の患者に点滴をすればむくみが出て、心臓にも負担がかかり、かえって呼吸が苦しくなるだけだから、しないほうが本人のためだと思って点滴をしません。そのような説明を、医師から丁寧にしてもらえるように、家族の気持ちを代弁するのが介護支援専門員の役割ではないでしょうか。家族の判断や思いが正しいかどうかは別にして、そのとき利用者や家族がどのような思いでいるのかを丁寧に医療職に伝えていきましょう。そして、利用者・家族には、医療職側がどのような根拠や理由で方針を決めて対応しているのかを、わかりやすく噛み砕いて伝えて、理解できるように橋渡しをしていきましょう。サービス担当者会議やカンファレンスなどで、互いの思いを直接すり合わせることができる場を設けられるとよいと思われます。互いの考え方を理解し合い、歩み寄り、信頼関係が構築でき、支援チームとしてまとまることで、利用者支援ができるようになります。そのために介護支援専門員が中心になってコーディネートできるようにしたいものです。

> **Point**
> ● 家族側の気持ちを代弁し、医療職に伝えよう

訪問時に、利用者が亡くなっていた場合、どう対応したらよいですか。

Answer 落ち着いて判断し、関係機関へ連絡します。

　利用者宅を訪問した際、療養していた高齢者が亡くなっていることは実際にあります。介護支援専門員が発見する場合も想定されます。まずは、慌てず落ち着いて関係機関へ連絡をします。

1）救急車を呼ぶ場合

　蘇生の可能性がある場合は、心臓マッサージなどの蘇生術を行いながら救急車を呼びます。ただし、終末期で、亡くなることが予想されていた場合、DNAR（Do Not Attempt Resuscitation；心肺の停止状態になったときに、心肺蘇生を行わないこと）の意思表示をしていた場合などは、訪問看護や訪問診療医に速やかに連絡を取ります。

2）警察へ通報する場合

　表6-3のような徴候の場合、警察へ通報しますが、判断に迷うときは先に救急通報して判断を仰ぎます。家族が留守にしている、または1人暮らしの場合は、速やかに家族に連絡し、同時に自分の事業所にも連絡・報告して、必要であれば1人で対応せずに応援を求めます。終末期等にあり、亡くなることが想定されていて、事前にそのような方針で訪問診療や訪問看護が入っていれば、救急車や警察は呼ばず、早急に看護師や医師に状況を伝え、訪問を要請します。訪問診療の医師が診察し死亡の診断がされ、死亡診断書を書ける状態であればそのまま記入してもらい、訪問看護または葬儀社でエンゼルケアを行います。訪問診療が実施されておらず、突然死の場合は、警察による検死が行われます。その際、第一発見者になっていれば、事情聴取や現場検証を受けることになります。携帯電話の通話記録は重要な記録になりますので、消去せずに時系列で警察に説明できるようにしておきましょう。

表6-3 **亡くなっている徴候**

● 呼びかけに反応しない	● 冷たくなっている、または死後硬直している
● 普通に喋れない、声が出せない	● 呼吸が止まっている
● 顔色、唇、耳の色が悪い（チアノーゼ）、冷や汗をかいている	● 脈、心臓が止まっている
	● 腐敗し、数日経過していると思われる

Point

● 状況ごとにどの機関に連絡すべきかを把握しておこう

担当している利用者が亡くなった場合、お悔やみに行くべきでしょうか。

Answer 利用者1人ひとりに合わせた対応がよいでしょう。

　自分の担当する利用者が亡くなったら、お別れのため、または区切りをつけるために、お悔やみに行きたいという気持ちになると思います。ケアマネジメントプロセスとして義務づけられている行為ではありませんから、必ずうかがう必要はありません。また、訪問したとしても当然のことですが報酬はつきません。そのため、利用者が亡くなった後の対応について、事業所として取り決めをしておくのが一般的でしょう。事業所によって対応はさまざまですが、例えば以下のような対応があります。

- お悔やみに訪問だけする
- 献花する
- 線香を持参する
- 葬式に参列する

　しかし、あらかじめそのように決めていても、宗教上の理由によって、花や線香を使わない場合もあるので配慮が必要です。また、最も優先するべきなのは、家族側の都合です。お悔やみに来てもらうのを、喜んでくれる家族ばかりではありません。相手の都合にも配慮したいものです。特に亡くなった直後は、葬儀社や親族とのやり取りなどで家族も疲れていて、訪問自体が負担になる場合もあります。逆に大切な家族が亡くなったショックで、放心状態や強い悲嘆で何もできなくなってしまっている場合は、最後まで寄り添ってくれた介護支援専門員が支えになることもあるでしょう。家族の介護をねぎらい、それまでの思い出話をすることで、深い悲しみが少しは和らぐこともあるでしょう。また、亡くなった直後の弔問とは別に、少し時間が経ってから家族に対するグリーフケアとして訪問したり、支援チームも交えてデスカンファレンスを実施したりする場合もあります。時には多職種で亡くなってからの支援を行うこともありますので、支援を行ったチームで検討してみましょう。

　一概にお悔やみに行くか行かないかではなく、利用者1人ひとりに応じた対応が必要になるでしょう。

Point

- 家族側の都合を最優先に考えよう
- グリーフケアなど、少し時間をおいて支援を検討してみよう

Q.11
明らかに不必要な高額商品を購入していた場合、どう対応すればよいですか。

Answer 事実を確認し、消費生活センターに相談するなど速やかに対応しましょう。

「自分は大丈夫」と思っていても、多くの高齢者が相手の巧妙な話や演技により、詐欺や悪徳商法などの被害に遭っています。自宅を訪問する機会が多い訪問介護員や看護師、介護支援専門員等が被害に気づくことも増えています。悪徳商法に遭ったと思われる場合は、購入した商品や金額、時期等を家族にも確認し、消費生活センターに相談して速やかに契約解消や返却の手続きをします。その場合、全国どこからでも3桁の数字でつながる消費者ホットライン「188（いやや！）」に相談すると、最寄りの消費生活センターなどを紹介してくれるので便利です。

訪問販売や電話勧誘販売では、クーリング・オフ制度があります。クーリング・オフとは、消費者が商品やサービスの契約後に冷静に考え直す期間を与え、一定の期間内であれば無条件で申し込みの撤回や契約の解除ができる制度です。

2022（令和4）年6月1日より、書面のほか、電磁的記録でもクーリング・オフの通知を行うことが可能になりました。電子メールやUSBメモリなどの記録媒体や事業者が自社のウェブサイトに設けるクーリング・オフ専用フォームなどによる通知や、FAXを用いた場合も可能です。

商品によって、クーリング・オフができる取引は法律で定められているほか、事業者が契約解除の条件を定めている場合もあり、以下の期間が定められていることが多くみられます。

- 8日間：訪問販売、電話勧誘販売、特定継続的役務提供（エステ、美容医療、語学教室、家庭教師等）、訪問購入
- 20日間：連鎖販売取引（マルチ商法）、業務提供誘因販売取引（内職商法、モニター商法等）

通信販売はクーリング・オフができませんが、8日以内なら返品は可能です（返送料は自己負担）。店舗購入の場合、対象になりませんので注意が必要です。

Point
- クーリング・オフ制度の内容を把握しておこう
- 販売事業者ごとに返品可能な期間が異なるので注意

Q.12
認知症で徘徊をしてしまう利用者への対応は、どうすればよいですか。

Answer 徘徊の原因を分析し、その人に合った対応策をチームや地域で検討していきましょう。

「徘徊」は認知症の行動・心理症状（BPSD）の1つです。他人からみると意味もなく歩いているようにみえますが、本人には何かしらの原因やきっかけがあり、目的のある行動です。その人の過去の生活歴や職業歴、性格、環境、疾患の状態など（記憶障害や見当識障害で、場所の認識ができない、不安やストレスなど）を勘案し、なぜ徘徊するのか、その原因をできる限り探る必要があります。原因分析にあたり、通常のアセスメントシートに加え、「センター方式」「紐解きシート」や「課題整理総括表」も有効です。これらを使用して情報を整理し、原因を分析することで、どのように対応すれば落ち着くことができるのか、ここにいていいんだという安心感をもつことができるのか、解決策のヒントがみえてくるでしょう。

徘徊している人への接し方として、「どこへ行っていたの！」「だめじゃないの！」などと怒らずに、「どちらへ行かれるのですか？」と行き先や理由を聞いたり、「歩いて喉が渇きませんか？お茶でも飲みませんか？」とほかのことで、気をそらせたりすることも有効です。

その他の予防や解決方法としては、以下のことが考えられます。

- 日中に適度な運動を行う
- 危険のないように、見守りながら、そのまましばらく歩いてもらう
- 通所サービスや短期入所サービスなどの利用で介護負担を軽減する
- 玄関などの出入り口を工夫する
- GPS端末を利用する（携帯を持ってもらう、靴に取り付けるなど）
- 服や持ち物に名前を付ける
- 近所や交番などにあらかじめ連絡する、地域の徘徊ネットワーク登録などを利用する
- 認知症の専門医を受診する
- 気持ちを落ち着かせるような内服薬について相談する

これらの対応をいくつか組み合わせ、サービス担当者会議や地域ケア会議などで、協力者と情報を共有しながら取り組んでみましょう。

Point
- 徘徊の予防策や対応方法について把握しておこう
- 情報を共有して地域ぐるみで対応しよう

利用者から「怒られるから、家族には言わないでね」などと頼まれたら、どうすればよいですか。

Answer 信頼関係を保ちながら、個別の対応を心がけましょう。

親身になって相談にのってくれる介護支援専門員を信頼して、いろいろな秘密を打ち明けやすいのだと思います。例えば、糖尿病で食事制限があるのに甘い物をこっそり食べている、薬を飲まずに捨てたり隠したりしている、失禁した下着を隠しているなどです。逐一すべてを家族に伝えてしまえば、「告げ口した」と思われ、信頼関係が壊れてしまう可能性があります。一方で、その内容によっては生命にかかわる事柄もあり、見て見ぬふりができないものもあるでしょう。まずは、「なぜ、家族に言えないのか」を考えてみてください。家族に心配や迷惑をかけたくないからなのか、本当に仲が悪くて言えないのか、その理由によって家族に対する伝え方にも配慮が必要になります。利用者と家族がよい関係であれば、「本人は秘密にしてほしいと仰っていますが、心配なので（大事なことなので）、報告します」と前置きしてから伝えたり、家族から「本人には報告したことを言わないでほしい」と言われれば、その後はさりげなく見守ってもらえるでしょう。しかし、仲が悪い場合はそのまま伝えてしまうと、「なんで黙っていたの！」と喧嘩になって、かえって関係性がこじれてしまうかもしれません。その場合は、家族が利用者を責めるような形にならないように「看護師さんや医師などから、注意していただきますね」など、直接家族が利用者に注意をしなくて済むように配慮してみましょう。

なお、生命にかかわることであれば、きっぱりと「秘密にはできない」と本人に伝えたうえで、早急に家族に相談しましょう。

Point

- "家族に言えない"理由を考えてみよう
- 生命にかかわることであれば、早急に家族に相談を

Q.14

介護支援専門員自身の個人情報や連絡先を聞かれた場合、答えないといけないでしょうか。

Answer 具体的に個人が特定できない範囲で対応しましょう。

　利用者のことは、身体の状態、家族構成、趣味など個人に関する情報を幅広く聞く介護支援専門員なのに、自身のことは聞かれても全く話さなかったら、信頼関係の構築に少なからず影響しそうですね。本来、業務としてかかわっているので、たとえ個人的な連絡先や家族、経歴などを聞かれてもプライベートなことは話す必要はありません。

　個人情報の保護に関する法律（個人情報保護法）では、住所や氏名・性別・写真・メールアドレス等、個人が特定されるものは、本人の同意がなければ第三者が取得し利用することはできないことになっています。つまり、介護支援専門員自身が同意しない限り、答える必要はないということになります。利用者の個人情報は、契約時に同意書をもらい、取り扱っています。しかし、介護支援専門員の個人情報を開示する契約や同意書は交わしていません。

　特に、介護支援専門員の個人の住所や連絡先は、自分の身を守るためにも伝えてはいけません。個人の連絡先を教えてしまうと、自宅に直接金品が送られたり、業務時間外に連絡が入ったり、ストーカー行為や犯罪に巻き込まれたりするなど、自身の家族にも迷惑がかかる可能性があります。

　一方で、利用者と同郷であったり趣味が同じであったりする場合は、それだけで利用者との距離がグッと近くなり、会話が弾み、生活歴などが聞きやすくなることもあります。話せる範囲（具体的に特定できない範囲など）で、時には自分のことを状況に応じて自己開示してもよいのではないでしょうか。

Point

● 業務としてのかかわりのため、自身の個人情報は話す必要はない

● 趣味の話など個人情報が特定されない範囲であれば、自己開示して利用者との関係性を深めよう

"こんな場合はどうする？" 介護支援専門員業務のQ&A

事業所内での場面

Q.1

上司や同僚とうまくいかず、ストレスがたまってしまいます。

Answer 　時には自分の行動も振り返ってみましょう。

　なぜ、上司や同僚とうまくいかないのでしょうか。例えば、自分が思ったことを相手がしてくれない、自分のことをわかってもらえない、自分が望む行動を相手がとってくれないなどが、ストレスを感じている理由ではないでしょうか。

　一方、自分自身の態度や行動は相手にとってどのように映っているのでしょうか。相手も自分に対して「うまくいかない」とストレスを感じているのかもしれません。知らず知らずのうちに、態度に現れているかもしれません。そうはいっても、どうしても合わない人もいるでしょう。しかし、自分が変わらなければ、関係性は変えることはできません。

　「アドラー心理学」では、「人間の悩みはすべて対人関係にある」といいます。この世の中に自分１人しか存在しなければ、対人関係の悩みはなくなります。対人関係がうまくいかないときは、とかく相手のせいにして、相手が悪いと思って不満を募らせることが多いものです。しかし、少なからず自分にも原因はあるのです。うまくいかない原因のうち、自分自身にある原因（課題）に気づくことで、自分の行動や態度が変わってきます。人は自分自身を変えることはできますが、相手（他人）を変えることはできません。まずは、なぜうまくいかないのか、自分のなかの原因を考えてみましょう。

　１人で悩んでしまうときは、友人や家族など信頼できる人に相談したり、気分転換ができる仕事以外の趣味活動を楽しむことで、ストレスをためないようにするのもよいでしょう。

　うまくいかないと感じる相手にも、相手から話しかけてもらうのを待つのではなく、自分からあいさつをしたり話しかけたりしてみませんか。コミュニケーション不足でうまくいかないだけかもしれません。こちらから歩み寄っても、関係性に改善がみられないようでしたら、仕事と割り切り距離を保つのも１つの方法ですが、職場内全体の雰囲気などを考えると、まずは自分自身の行動を振り返ってみてはいかがでしょうか。

Point

- なぜうまくいかないのか、その原因を考えてみよう
- 自身で変えることができる部分は改善してみよう

併設事業所の稼働率を上げるプランづくりを法人（上司）に指示されますが、それでもよいのでしょうか。

Answer 稼働率を上げるためだけに自身の併設事業所を位置づけてはいけません。

特定の事業所を居宅サービス計画（以下、ケアプラン）に位置づけることはできません。6か月ごとに特定事業所集中減算の報告書を作成し、8割を超える場合は市町村（保険者）に報告する義務があります。いわゆる「利用者の抱え込み」を防ぐために、法的な予防措置が取られているのです。併設している事業所が、利用者のニーズを解決するために適切である、利用者自身が選択したなど、正当な理由がある場合には問題なく位置づけることができます。2018（平成30）年の介護報酬の改定に伴い、介護支援専門員には、居宅介護支援の提供にあたり、利用者に対して複数の事業所を紹介することが義務づけられました（離島などで複数の事業所がない場合は除く）。稼働を上げるためだけに自身の併設事業所を位置づけてはいけません。

また、ケアマネジメントの公正中立性の確保を図る観点から、利用者に前6か月間に作成したケアプランにおける、訪問介護等（訪問介護、通所介護、地域密着型通所介護、福祉用具貸与）のそれぞれのサービスの利用割合および前6か月間に作成したケアプランにおける、訪問介護等のサービスごとの、同一事業者によって提供されたものの割合（訪問介護等の割合等）の説明を行うことも義務づけられています。

たとえ上司の指示だとしても、利用者のアセスメントをしっかり行い、利用者の自己決定を支援し、利用者に合った事業所と過不足ない必要なサービスの量を利用者とともに選択し、位置づけていきましょう。

厚生労働大臣が定める基準

83 正当な理由なく、指定居宅介護支援事業所において前6月間に作成した居宅サービス計画に位置付けられた指定訪問介護、指定通所介護、指定福祉用具貸与（中略）又は指定地域密着型通所介護（中略）の提供総数のうち、同一の訪問介護サービス等に係る事業者によって提供されたものの占める割合が100分の80を超えていること。

Point

- 利用者の自立支援、自己決定を促そう
- 過不足なく、必要なサービスを利用者と一緒に選択しよう

医療連携の場面

Q.1
医師や看護師が苦手で（怖くて）なかなか話ができません。

Answer 医療職の特性を理解し、コミュニケーションの方法を工夫してみましょう。

　介護支援専門員の多くは福祉職を基礎資格とし、医療職に対して苦手意識を抱えていると聞きます。一般的に医療職は理系で論理的思考、福祉職は文系でナラティヴ思考といわれています。それは、それぞれの教育課程の違いが影響しているともいわれています。医療職の業務は生命に直結するため理論や根拠を重視する思考となっているため、結論から必要なことだけを要約して端的に伝えていきます。一方、福祉職はそれまでの背景や生活状況などを初めから順序立てて物語のように話すため、結論や大事な部分を伝えることが最後になってしまいがちで、コミュニケーションに齟齬が生じやすいといえます。確かに話をするのに、とても意見など言えないような雰囲気をもつ医師や看護師もいるので、特に経験年数の少ない介護支援専門員ほど、そのような苦手意識をもちやすいといわれています。しかし、経験年数にかかわらず、利用者にとって介護支援専門員は、医療職との橋渡しとして頼らざるを得ない存在なのです。ここは専門職として、必要な話し合いや意見交換をしっかり行わなければいけません。また、優しくて話しやすい医師や看護師もいます。そのような医師や看護師と日頃からコミュニケーションを取ることで、医療職に対する苦手意識をなくすのも1つの方法ですし、地域によっては医師や看護師と、業務を離れて勉強会や事例検討会、時には飲み会なども行って日頃から顔の見える関係づくりをしています。積極的に参加してみましょう。

　コミュニケーションにあたり、具体的なポイントは表6-4のとおりです。

　医師や看護師と肩を並べられるような医療知識は必要ありませんが、高齢者に多い疾患や利用者の病状について、医師や看護師の説明を理解できるような最低限の知識を身につけておくことも必要です。苦手意識は、自信のなさからきている可能性もあります。介護支援専門員という専門職としての知識を広げ、わからないことは積極的に聞いて確認しながら、利用者のために自己研鑽してみましょう。

表6-4　医療職との連携（コミュニケーション）のポイント

電話の場合	忙しいなかで、応対している医師や看護師などには、必要な情報を要約して短時間で伝える必要があります。 ● 結論から伝える ● なぜ、そのような状況になったのか、経過や背景を説明する ● 介護支援専門員として、なぜ報告が必要だと考えたかアセスメント結果を伝える ● 医師にどうしてほしいのかリクエストや指示を仰ぐ
退院前カンファレンスなどの場合	あらかじめカンファレンスの目的（何のためのカンファレンスか）を明確にしておきます。どのようなことを確認したいのか整理するなど、事前の準備が大切です。 MSW（医療ソーシャルワーカー）に情報をある程度聞いておくことができるのであれば、医師にしか聞けないことなど、確認しておくべきポイントをしぼっておきます。 ● 入院中の治療経過や病状、診断名 ● 予後や在宅生活で注意すべきこと ● 内服薬や医療的な処置の方法の確認、留意点など ● 退院後の治療や通院

Point

● 日頃から医療職とコミュニケーションを図り、苦手意識をなくそう

● 高齢者に多い主な疾患について、最低限の知識を身につけておこう

Q.2 利用者が入院したときに、病院とどのように連携したらよいですか。

Answer 速やかに入院先の担当窓口へ連絡を取ります。

居宅介護支援事業所には、利用者の入院時における医療機関との連携にあたり、入院時情報連携加算があります。

入院先の病院では、特に救急搬送された場合、その利用者が入院前は歩くことができたのか、介護が必要だったのか、どのような生活を送っていたかなどの詳細がわかりませんから、入院前の状況について情報提供が必要になります。入院前の情報が必要となるのは、入院前の生活状況が退院の目安となるからです。疾患の状態によって、必ずしも入院前の状態まで回復できるとは限りませんが、介護力や生活状況などから、どのような状態にまで回復すれば自宅に帰ることができるかの参考とすることができます。

利用者の入院の連絡があったら、入院先の窓口（医療連携室なのか、病棟に直接連絡するのか）を病院に確認し、利用者や家族に同意を得て、担当者に自分が担当の介護支援専門員であることを伝えて、「入院時情報提供書」（表6-5）を送付しましょう。「入院時情報提供書」を送付する場合、その方法（郵送かFAXか電子媒体かなど）、送付の日時や送付先の相手の名前などを、居宅介護支援経過に記録しておきます。その後は、窓口の担当者と連絡を取り合いながら、入院中の様子について情報収集を行い、退院がスムーズかつシームレスになるように準備をしていきましょう。また、契約時に利用者へ、入院した際には介護支援専門員の名前を入院先の病院に伝えるように説明しておくことが義務づけられています。契約時だけでなくふだんから、利用者や家族に説明し、名刺を診察券や保険証と一緒に入れてもらうなどの工夫も必要となります。

指定居宅介護支援に要する費用の額の算定に関する基準

ホ　入院時情報連携加算

注　利用者が病院又は診療所に入院するに当たって、当該病院又は診療所の職員に対して、当該利用者の心身の状況や生活環境等の当該利用者に係る必要な情報を提供した場合は、別に厚生労働大臣が定める基準に掲げる区分に従い、利用者1人につき1月に1回を限度として所定単位数を加算する。ただし、次に掲げるいずれかの加算を算定している場合においては、次に掲げるその他の加算は算定しない。

　イ　入院時情報連携加算（Ⅰ）　　　　　　　　　　　　　　　　　200単位
　ロ　入院時情報連携加算（Ⅱ）　　　　　　　　　　　　　　　　　100単位

※別に厚生労働省が定める基準の内容は次のとおり。
居宅介護支援費に係る入院時情報連携加算の基準

イ　入院時情報連携加算（Ⅰ）　利用者が病院又は診療所に入院してから3日以内に、当該病院又は診療所の職員に対して当該利用者に係る必要な情報を提供していること。

ロ　入院時情報連携加算（Ⅱ）　利用者が病院又は診療所に入院してから4日以上7日以内に、当該病院又は診療所の職員に対して当該利用者に係る必要な情報を提供していること。

Point

● 入院時情報提供書に利用者の情報を記入し、病院側の担当者に送ろう

● 退院に向けて、入院中も病院側と利用者の情報を共有しておこう

表6-5 入院時情報提供書

記入日 :	年 月 日	
入院日 :	年 月 日	
情報提供日 :	年 月 日	

入院時情報提供書

医療機関 ◀━━━ 居宅介護支援事業所

医療機関名:	事業所名:
ご担当者名:	ケアマネジャー氏名:
	TEL:　　　　　　　FAX:

利用者(患者)／家族の同意に基づき、利用者情報(身体・生活機能など)の情報を送付します。是非ご活用下さい。

1．利用者(患者)基本情報について

患者氏名	(フリガナ)		年齢		才	性別		男　女
			生年月日	明・大・昭		年　　月　　日生		
住所	〒		電話番号					
住環境 ※可能ならば、「写真」などを添付	住居の種類（戸建て・集合住宅）．＿＿階建て．　居室＿＿階．　エレベーター（有・無） 特記事項（　　　　　　　　　　　　　　　　　　　　　　　　　　　　）							
入院時の要介護度	□ 要支援（　　）　□ 要介護（　　）　有効期間：　　年　月　日 ～ 年　月　日 □ 申請中(申請日　　／　　)　□ 区分変更（申請日　　／　　）　□ 未申請							
障害高齢者の 日常生活自立度	□ 自立　□ J1　□ J2　□ A1　□ A2　□ B1　□ B2　□ C1　□ C2						□ 医師の判断	
認知症高齢者の 日常生活自立度	□ 自立　□ I　□ IIa　□ IIb　□ IIIa　□ IIIb　□ IV　□ M						□ ケアマネジャーの判断	
介護保険の 自己負担割合	□＿＿割　□ 不明		障害など認定		□ なし □ あり（ 身体・精神・知的 ）			
年金などの種類	□ 国民年金　□ 厚生年金　□ 障害年金　□ 生活保護　□ その他(　　　　　　　　　)							

2．家族構成／連絡先について

世帯構成	□独居　　□高齢者世帯　□子と同居　□その他（　　　　　　　　　　） ＊□日中独居			
主介護者氏名		（続柄　・　才）|（同居・別居）| TEL	
キーパーソン		（続柄　・　才）| 連絡先　TEL :	TEL	

3．本人／家族の意向について

本人の趣味・興味・関心領域等	
本人の生活歴	
入院前の本人の 生活に対する意向	□ 同封の居宅サービス計画(1)参照
入院前の家族の 生活に対する意向	□ 同封の居宅サービス計画(1)参照

4．入院前の介護サービスの利用状況について

入院前の介護 サービスの利用状況	同封の書類をご確認ください。 □居宅サービス計画書1.2.3表　　□その他（　　　　　　　　　　）

5．今後の在宅生活の展望について（ケアマネジャーとしての意見）

在宅生活に 必要な要件	
退院後の世帯状況	□ 独居　　□ 高齢世帯　　□子と同居（家族構成員数　　　　　　名）　＊□ 日中独居 □その他（　　　　　　　　　　　　　　　　　　　　　　　　　　）
世帯に対する配慮	□不要 □必要（　　　　　　　　　　　　　　　　　　　　　　　　　　　）
退院後の主介護者	□本シート2に同じ　□左記以外（氏名　　　　　　　　　　続柄　　・年齢　　）
介護力*	□介護力が見込める（□十分・□一部）　□介護力は見込めない　□家族や支援者はいない
家族や同居者等による虐待の疑い*	□なし □あり（　　　　　　　　　　　　　　　　　　　　　　　　　）
特記事項	

6．カンファレンス等について（ケアマネジャーからの希望）

「院内の多職種カンファレンス」への参加	□ 希望あり	
「退院前カンファレンス」への参加	□ 希望あり	・具体的な要望（　　　　　　　　　　　）
「退院前訪問指導」を実施する場合の同行	□ 希望あり	

＊＝診療報酬 退院支援加算1．2「退院困難な患者の要因」に関連

7．身体・生活機能の状況／療養生活上の課題について

麻痺の状況	なし	軽度	中度	重度	褥瘡の有無	□ なし　□ あり（　　　　　　　　　　）

ADL	移　動	自立	見守り	一部介助	全介助	移動(室内)	□ 杖　□ 歩行器　□ 車いす　□ その他
	移　乗	自立	見守り	一部介助	全介助	移動(屋外)	□ 杖　□ 歩行器　□ 車いす　□ その他
	更　衣	自立	見守り	一部介助	全介助	起居動作	自立　　見守り　　一部介助　　全介助
	整　容	自立	見守り	一部介助	全介助		
	入　浴	自立	見守り	一部介助	全介助		
	食　事	自立	見守り	一部介助	全介助		

食事内容	食事回数	（　）回／日　（　朝＿＿時頃 ・昼＿＿時頃 ・夜＿＿時頃　）		食事制限	□ あり（　　　　　　）□ なし □不明
	食事形態	□ 普通　□ きざみ　□ 嚥下障害食　□ ミキサー		UDF等の食形態区分	
	摂取方法	□ 経口　□ 経管栄養	水分とろみ　□ なし □ あり	水分制限	□ あり（　　　　　　）□ なし □不明

口腔	嚥下機能	むせない	時々むせる	常にむせる	義歯	□ なし　□ あり(部分 ・ 総)
	口腔清潔	良	不良	著しく不良	口臭	□ なし　□ あり

排泄*	排尿	自立	見守り	一部介助	全介助	ポータブルトイレ	□ なし　□ 夜間　□常時
	排便	自立	見守り	一部介助	全介助	オムツ／パッド	□ なし　□ 夜間　□常時

睡眠の状態	良	不良（　　　　　）	眠剤の使用	□ なし □ あり

喫煙	無	有 ＿＿＿本くらい／日	飲酒	無	有 ＿＿＿合くらい／日あたり

コミュニケーション能力	視力	問題なし	やや難あり	困難	眼鏡	□ なし　□ あり（　　　　　）
	聴力	問題なし	やや難あり	困難	補聴器	□ なし　□ あり
	言語	問題なし	やや難あり	困難	コミュニケーションに関する特記事項：	
	意思疎通	問題なし	やや難あり	困難		

精神面における療養上の問題	□なし □幻視・幻聴　□興奮　□焦燥・不穏　□妄想　□暴力/攻撃性　□介護への抵抗　□不眠 □昼夜逆転　□徘徊　□危険行為　□不潔行為　□その他（　　　　　　　　　　　）
疾患歴*	□なし □悪性腫瘍　□認知症　□急性呼吸器感染症　□脳血管障害　□骨折 □その他（　　　　　　　　　　　　）

入院歴*	最近半年間での入院	□なし　□あり（理由：　　　　　　　期間：R　年　月　日 ～ R　年　月　日） □不明
	入院頻度	□ 頻度は高い／繰り返している　　□ 頻度は低いが、これまでにもある　　□ 今回初めて

入院前に実施している医療処置*	□なし □点滴　□酸素療法　□喀痰吸引　□気管切開　□胃ろう　□経鼻栄養　□経腸栄養　□褥瘡 □尿道カテーテル　□尿路ストーマ　□消化管ストーマ　□痛みコントロール　□排便コントロール □自己注射（　　　　　　　）□その他（　　　　　　　　　　）

8．お薬について　　※必要に応じて、「お薬手帳（コピー）」を添付

内服薬	□ なし　　□ あり（　　　　　）	居宅療養管理指導	□ なし　□ あり　（職種：　　　　　　）
薬剤管理	□ 自己管理　　□ 他者による管理（・管理者：　　　　　　　・管理方法：　　　　　　　　）		
服薬状況	□ 処方通り服用　　　□ 時々飲み忘れ　　　□飲み忘れが多い、処方が守られていない　　　□服薬拒否		
お薬に関する、特記事項			

9．かかりつけ医について

かかりつけ医機関名		電話番号	
医師名	（フリガナ）	診察方法・頻度	□通院　　□ 訪問診療 ・頻度＝（　　　　）回 ／ 月

*＝診療報酬 退院支援加算１．２「退院困難な患者の要因」に関連

利用者が入院中の病院から、急に退院と言われた。何から準備すればよいですか。

Answer 入院中から各医療職と連携をとり、在宅のチームへも伝えて おきましょう。

　急に退院と言われたり、入院中に全く会えないまま退院を迎えたりする場合も少なくないと思われます。医療機関との連携にあたり、入院時情報連携加算のほかに、退院・退所加算があります（表6-6）。

　退院・退所加算は、医療機関や介護保険施設などを退院・退所し、居宅サービス等を利用する場合に、医療機関等の職員と面談し、利用者に関する必要な情報を得たうえでケアプランを作成し、居宅サービスなどの利用に関する調整を行った場合に算定できます。情報提供の方法と回数によって算定できる単位数が異なります。

表6-6　**退院・退所加算**

	情報提供の回数	情報提供の方法
退院・退所加算（Ⅰ）イ	1回	カンファレンス以外
退院・退所加算（Ⅰ）ロ	1回	カンファレンス
退院・退所加算（Ⅱ）イ	2回以上	カンファレンス以外
退院・退所加算（Ⅱ）ロ	2回	うち1回以上はカンファレンス
退院・退所加算（Ⅲ）	3回以上	うち1回以上はカンファレンス

　具体的なやり取りの例として、入院中に病院と情報交換ができる場合は、病院の窓口となるMSW（医療ソーシャルワーカー）などに相談して、カンファレンスの開催や、ICTの活用などで、できる限り情報交換をしていきましょう。退院支援看護師やソーシャルワーカーなど、病院によって担当窓口が異なりますので、担当者を早めに確認して退院に向けて調整していきます。

　それでも何の前触れもなく急に退院と言われると本当に困りますが、急性期病院などは待ってはくれず退院となるので、退院日がわかった時点で早急に準備が必要です。

1）入院前もかかわっていた利用者を担当する場合

　入院前から担当していた利用者であれば、介護支援専門員が少なくとも自宅の様子や介護力の把握はできていると思われるので、入院の原因や治療経過、本人の状態（ADLや医療処置などを含めて）について、どのような変化が入院前と比べてあるのかを入院先の病院の医師や

MSW、退院支援看護師などから、できる限り情報収集します。そのうえで、予後や退院後の生活にどのような注意点があるのか、また訪問診療や訪問看護などの導入が必要かなどを確認して、必要な医療系サービスの手配をします。

ADLが大きく変化している場合には、区分変更申請をしたり、住環境を整備する準備（特殊寝台や手すり等の設置など）も必要です。

2）入院前に全くかかわりのなかった利用者を担当する場合

退院前（事前）に自宅の環境をアセスメントしておき、退院後に必要な住環境の整備について想定して準備します。可能であれば、本人・家族やリハビリテーションの担当者などと退院前に必要な住環境整備について、家屋調査が実施されるとよいでしょう。

3）退院後の主治医が入院先の医師と異なる場合

診療情報提供書（紹介状）の手配を行い、退院時処方が何日程度処方されるのか、退院後の通院の有無などを入院先の病院に確認します。

また、訪問看護や訪問リハビリテーションが必要な場合は、退院後の「指示書」や「看護サマリー」「リハビリサマリー」などの手配の確認もしておきましょう。必要に応じて、薬剤師や栄養士との連携も求められます。それらの書類については費用がかかりますので、必ず本人や家族に了解を得てから、病院側の窓口に伝えて手配します。退院まで会えない場合でも、家族とも相談しながら、想定されるサービスを必要最低限準備し、後は退院してから速やかにサービス担当者会議を開催し、サービスの微調整をしていきましょう。

> **Point**
> - 病院側の担当者を早めに確認して、情報を共有しよう
> - 退院後の在宅生活における注意点などを医療職から情報収集しよう

服用していない薬を見つけました。利用者からは「先生には言わないで」と頼まれてしまいました。

Answer 状況を把握し、多職種で服薬ができる方法を考えていきましょう。

　利用者と介護支援専門員の信頼関係にかかわる悩ましい問題ですね。すぐに「言う」「言わない」ではなくて、状況を把握することから始めましょう。

　なぜ利用者は薬を飲まなかったのでしょうか。薬によっては「苦い」「大きくて飲めない」など、味や形状などの問題で服用していない場合があります。また、利尿剤などでは「この薬を飲むと、おしっこが近くなるから嫌なのよ」と意図的に服用を拒否する場合もあります。もしくは、認知症で飲むのを忘れている場合など、さまざまな理由が考えられます。「先生に言わないで」と頼まれても、医師は服用していることを前提に薬を処方しますので、例えば利尿剤を処方しているにもかかわらず、むくみが軽減されなかったり、血圧が下がらなかったりすれば、薬が効いていないと思い、さらに強い薬を処方してしまいます。服薬できていなかった薬があれば、いつから、どのくらいの頻度で服用していなかったのかなど、医師に専門職として報告する必要があります。そのうえで、どうすれば正しく服用できるようになるのかを利用者と一緒に検討していきましょう。処方されている薬がどうして必要なのか、改めて医師から作用機序や大切さなどを説明してもらうことも有用ですし、場合によっては薬の数を減らしたり、服薬回数を減らす（まとめる）こともできるかもしれません。味や形状については、薬の種類を変えてもらうことで解決できますし、薬を飲み忘れてしまう場合は、お薬カレンダーの利用や看護師・薬剤師（居宅療養管理指導）の導入や訪問介護で確認してもらうなど、多職種の連携の工夫が必要でしょう。利用者を大切に思っているからこそ、生命にかかわることは医師に伝え、誠意をもって対応すれば、信頼関係が揺らぐことはないでしょう。

Point

- まずは、服薬が正しくできない原因を探ってみよう
- 「生命にかかわることなので医師に伝える」と誠意をもって対応しよう

Q.1

よりよいサービス事業所を選ぶには、どうすればよいですか。

(Answer)　**日頃からの情報収集が大切です。**

　通所介護や短期入所生活介護・短期療養生活介護などの施設を見学させてもらったり、利用者が見学や体験に行く際に同行するなど、できる限り直接見て、利用者の反応も確認しながら、相性や雰囲気などを確かめておきましょう。見学が難しい場合でも、担当者と顔を合わせて名刺交換をしておくと、その後の連携が非常にスムーズになります。新規の事業所であれば、内覧会を行う場合が多いので積極的に見学して情報収集しておきましょう。認知症専門やリハビリテーションが中心の機能訓練型の通所介護、最近ではパーキンソン病や脳卒中に特化した事業所などもありますので、最新の地域の事業所の情報収集は欠かせません。

　訪問看護ステーションは利用者の状態によって、24時間体制が可能か、リハビリテーションの専門職がいるかどうかなども選ぶ際のポイントになります。なお、医師から自分が連携しやすい訪問看護ステーションを指定される場合もあります。時には、医師や病院のMSW（医療ソーシャルワーカー）と相談してもよいでしょう。

　訪問介護事業所については、特定事業所加算を算定している場合は、資格や教育などの点で、選択する際の指標の１つになりますが、事業所の評判がよくても、担当者によって利用者の評価が変わってきますので、実際にサービスの提供が始まってからの利用者の反応にも注意が必要です。その場合、モニタリングで本人から感想を聞いたり、実際に支援をしているところを邪魔にならないように（サービスの提供間の終了間際等）見学したりするのもよいでしょう。

　また、介護サービス情報公表制度やサービス事業所のホームページなどでチェックするのも有用です。情報源として最も確かだと思われるのは、同じ事業所の先輩や同僚、地域の介護支援専門員の口コミ情報です。自分が依頼したことのない事業所でも、その事業所を利用しているほかの介護支援専門員から情報を聞いて、自分の担当する利用者に合うかどうか（個人情報に留意しながら）相談してもよいでしょう。

Point

- 時間を見つけて、さまざまな事業所に顔を出してみよう
- 介護サービス情報の公表制度や事業所のホームページなどもチェックしよう

サービス事業所から、利用者に対する苦情やクレームの相談をされたらどのように対応しますか。

Answer 事業所と利用者の双方からの事実や原因を確認します。

　利用者に対する苦情やクレームといっても、さまざまな内容が考えられます。時には介護支援専門員には全く関係ない場合もあるでしょうが、そのサービス事業所をケアプランに位置づけたのは介護支援専門員ですから、事業所としては当然介護支援専門員に相談を寄せることになります。

　例えば、以下のようなことが考えられます。

- 利用料金を払ってもらえない
- ヘルパーやケアワーカーへのパワハラ、セクハラ
- 過剰なサービスの要求
- 事故などに対する不当な損害賠償の要求

　状況に応じた対応が必要になりますが、担当の介護支援専門員1人での解決は難しい場合もありますので、事業所として対応策を検討することが望ましいといえます。

　その際、事業所からだけでなく、利用者からも話を聞き、双方の事情をそれぞれしっかりと確認しましょう。

　金銭的な問題は、支払いが滞ればサービスが利用できなくなってしまいますので、場合によってはケアプランを見直す、サービスを減らす、ほかのサービスに変更するなどの対応が必要になるかもしれません。ほかには、利用者が受けられるような経済的なサポートが地域にないかどうかを確認する必要があります。パワハラやセクハラなどは、担当者を変更するなどの対応も必要でしょう。

　苦情の内容が利用者のわがままなのか、寂しさからかまってほしいのか、本当に支払いができない経済的な理由があるのかなど、状況を含めて把握し、考えられる原因を究明していきます。そして、できるだけ迅速に対応してトラブルを拡大させないように、また、必要な支援（サービス）が滞らないように、事業所と一緒に解決していきましょう。

Point

- 1人で解決しようとせず、事業所として対応策を検討しよう
- 場合によっては、ケアプランの変更も必要

利用者情報を間違えて違う事業所にFAXしてしまいました。

Answer 丁寧に謝罪し、廃棄してもらうように依頼しましょう。

　誤送信しないように日頃から、十分に番号を確認して送付する必要があります。FAX番号を手入力しなくて済むように、あらかじめ登録をしておく、送信する人とは異なる人が確認したうえで送付するなどの工夫をします。

　万が一、誤って送信してしまった場合を想定して、FAXするものに記載されている内容の個人情報の部分（名前や住所など）は、黒塗り等にしてわからないようにしましょう。また、送信後は相手に届いたかどうか確認します。特に「入院時情報提供書」をFAXで送付した場合は、送信した日時や確認した相手の名前等を居宅介護支援経過に記載しておくことを忘れないようにしましょう。また、誤って送信してしまった相手が、こちらに連絡してくれるとは限らないので、送信後に電話を入れることで、確実に相手にFAXが届いたかどうか確認ができます。誤って送信してしまった相手から、FAXが誤って届いたと連絡が入った場合は、まず誤って送信してしまったことに対して丁寧に謝罪し、廃棄（シュレッダー）してもらうように依頼します。

　また、誤送信の再発を防ぐため、原因を追究し、送信前のチェック体制を強化するなどの対策を立てましょう。事業者や法人として、紙媒体のFAXの使用をやめて、メールやインターネットFAX、ビジネスチャットに変更するなどのICT化への検討も提案してみましょう。

Point

- 誤送信防止のため、事前にFAX番号をしっかり確認しよう
- 送信後は、相手の事業所に届いたかどうか確認しよう

Q.4

ケアプランと個別サービス計画に連動性がなかったら、どう対応すればよいですか。

Answer サービス担当者会議等できちんとすり合わせをしましょう。

　ケアプランは、介護支援専門員がアセスメント結果から、利用者ごとにフォーマルサービスやインフォーマルサービスも含めて、全体的なプランを立てているものです。一方、そこから枝葉が分かれるように、実際に支援を行うサービス事業所（専門職）が立てるものが個別サービス計画です。訪問介護では訪問介護計画が、通所介護では通所介護計画がこれにあたります。ケアプランと個別サービス計画が連動していることは必須です。なぜケアプランと個別サービス計画が連動していないのか、まずは原因を知ることが同じことが繰り返されないためにも必要です。多くの場合は、ケアプランが事前に事業所にしっかりと伝わっていないことが理由です。

　通常、介護支援専門員がケアプランを作成するのと同時に、どのような支援をしてほしいかというサービスの依頼を事前に事業所に行いますが、その際、簡単な内容を電話などで話してから、フェイスシートや依頼書を送付していきます。その後、ケアプランの原案を利用者に説明し同意を得たら、サービス担当者会議の前に事業所にもケアプランの原案を送付します。事業所では、その原案をもとに個別サービス計画を作成し、サービス担当者会議ですり合わせ（確認や承認）を行い、ケアプランとして確定します。そのような流れを踏んでいけば、連動していないということにはならないはずです。

　サービス担当者会議の前にケアプランの原案を渡していなければ、ケアプランを反映した個別サービス計画をサービス担当者会議に持参することはできません。事前に渡したにもかかわらず、連動性のない個別サービス計画になっているのであれば、サービス担当者会議において修正箇所を確認し、ケアプランを反映した個別サービス計画を作成してもらいましょう。個別サービス計画は、介護支援専門員がケアプランに位置づけたサービス事業所から送付してもらい、連動性が確保されているかどうか確認したうえで、ケアプランとともに保管しておきます。運営指導ではケアプランだけでなく、個別サービス計画を介護支援専門員が確認しているかどうかも指摘されますので、しっかりと確認しておきましょう。

Point

● サービス担当者会議までにサービス事業所と必要なプロセスを踏もう

● サービス担当者会議で修正内容を確認し、個別サービス計画に反映してもらおう

Q.1

介護支援専門員としてスキルアップしたいけれど、どのような勉強や研修が必要でしょうか。

Answer 日本介護支援専門員協会の生涯学習制度を活用してスキルアップしましょう。

　生涯学習制度は、日本介護支援専門員協会が作成した「生涯学習制度　事業報告書」（2021年）に示された介護支援専門員の生涯学習体系に基づいています。この制度は、介護支援専門員実務研修から主任介護支援専門員更新研修までの法定研修カリキュラムと連動しており、介護支援専門員が必要とするレベルに応じて知識・技術・態度における研修習得度に合わせた能力評価をするうえで必要な能力ルーブリックが作成されており、生涯学習の指針として体系化されています（図6-1）。

　法定研修のカリキュラムを定めたガイドラインでは、「研修全体の最終目標（アウトカム）」について、「研修成果をあげるためには、介護支援専門員が細かい技術の一つ一つを完璧に実施できることよりも、総合的な力を身につけ利用者や家族から信頼される人材に成長することが求められる」としています。なお、「研修各段階における受講者の熟達度」として、「介護支援専門員は総合的、多面的な能力を身につけなければならないため、熟達した技術を修得するには最短でも約10年の期間が必要と思われる」とされています（図6-2）。

図6-1　生涯学習制度における生涯学習体系のイメージ

初任者研修	スキルアップ研修①	スキルアップ研修②	スキルアップ研修③	スキルアップ研修④	スキルアップ研修⑤
実践者レベル1 6か月時点	実践者レベル2 3年時点	実践者レベル3 5年時点	実践者レベル4 5年以上	指導者レベル1 5年以上	指導者レベル2 10年以上
ケアマネジメントの基本的スキルを身につけ業務活動ができる。	個別事例の実践と地域課題についても視野を広げられる。	困難事例の対応や、省察的振り返り、地域課題の解決に向けた実践ができる。	効果的な事業所運営ができ、社会資源開発ができる。	介護支援専門員のスーパービジョンを中心とする指導・育成ができる。	実践者指導のみならず、管理者や指導者の育成ができる。
（基礎実践者）	（中級実践者）	（上級実践者）	（管理実践者）	（育成指導者）	（指導者育成）

出典：日本介護支援専門員協会「生涯学習制度　事業報告書」2021年を一部改変

図6-2 研修各段階における介護支援専門員の熟達度

		研修課程				
		実務	専門Ⅰ	専門Ⅱ	主任	主任更新
介護支援専門員育成のアウトカム項目	①介護保険制度の知識	部分的	部分的	全体的	専門的	専門的
	②コミュニケーション力	部分的	単純な事例	複雑な事例	支援困難事例	支援困難事例
	③ケアマネジメント実践力	経験不足	部分的	全体的	全体的	全体的
	④多職種協働チーム活用力	経験不足	未熟	部分的	包括的	包括的
	⑤省察的思考力	未熟	不十分	多面的	多面的	多面的
	⑥生涯学習力・教育力	未熟	不十分	意欲的	指導的	指導的
	⑦プロ意識と倫理	未熟	未熟	不十分	実践的	実践的
	⑧地域アプローチ	未熟	未熟	不十分	試行的	政策提言

最短10年

出典：厚生労働省「介護支援専門員専門研修ガイドライン」2016年

　効果的に学ぶうえで、自分が今どのくらいのスキルがあるのか（どの部分ができて、どの部分が不足しているのか）を評価することが重要になってきます。自己評価だけでなく、スーパーバイザー（事業所の管理者や先輩、地域の主任介護支援専門員など）に評価・指導してもらいながら、レベルや経験年数に合わせ、計画的に研修や勉強会・事例検討会などに参加し、必要な知識や技術を習得していくとよいでしょう。1年単位、2、3年単位で習得目標を立て、目標を達成できるように研修や勉強会、スーパービジョンを受けていくと効果的です。

Point
- 自分自身のスキルをスーパービジョン等で客観的に評価してもらおう
- 法定研修以外の地域での勉強会や事例検討会に積極的に参加しよう

Q.2

Answer 損害賠償の対応について、事業所として方針を決めておきましょう。

　介護支援専門員も人間ですから、誤りやミスをしてしまうことは避けられません。したがって、ミスに備えたリスク管理が必要です。謝罪して済めばよいですが、場合によっては損害賠償を求められたり、訴訟に発展したりする場合も考えられます。事業所で損害賠償保険に入っていれば、そちらで対応してもらいましょう。事業所で対応していない場合、1人ケアマネや個人経営の場合でも、日本介護支援専門員協会が「介護支援専門員賠償責任補償制度」（賠償責任保険：損害保険ジャパン株式会社）を提供しています。事業者を対象とする、賠償責任保険に加入しておき、万が一に備えておきましょう。

　介護支援専門員が訴訟されるケースとして考えられるものは、以下のとおりです。

- 不注意によって更新申請などの手続きができず、サービス提供が遅れたり、償還払いになったりした
- 守秘義務違反によって、人権侵害の損害賠償を訴えられた
- 業務上、身体的な事故や物損事故についての賠償を求められた
- 通所中のけがを介護支援専門員の責任とした
- 床ずれが悪化した　など

　介護支援専門員の責任ではなくても、訴えられた事例もあります。裁判になれば、裁判費用もかかるので、保険に加入して万が一に備えたほうがよいでしょう。

　また、ミスをしてしまったときに最も大切なのは、誠意をもって対応にあたることです。まずは早急に謝罪し、丁寧に対応していきましょう。

> **Point**
> - 賠償責任保険に加入しておこう
> - ミスをした場合、まずは早急に謝罪し丁寧に対応しよう

介護福祉士出身です。介護支援専門員は相談援助ばかりで、やりがいを感じることができません。

Answer 介護支援専門員の仕事の重要性を理解しましょう。

　介護支援専門員は、ケアワーカーと異なり直接ケアを行うわけではありませんから、何をしてくれている人なのかなかなか利用者に理解してもらえず、感謝される機会も少ないので、不全感を覚えやすい職種です。介護支援専門員のような相談援助職は、看護師や介護福祉士、客室乗務員（CA）やウエイトレス、コールセンターのオペレーターなどの接客業のように「感情労働」の仕事ともいわれています。自分の感情とは裏腹に、笑いたくなくても笑顔で接しなければならず、ストレスにより、うつ病などのメンタルヘルスの不調を抱えやすく、バーンアウト（燃え尽き症候群）になってしまう場合があります。

　一方で、自分のかかわり方次第で、その人の人生の最終段階の過ごし方が大きく変わることもあり、責任ある大切な仕事です。介護支援専門員で最も大切なのは、利用者や家族との信頼関係を形成することです。

　介護支援専門員の仕事を理解してもらい、信頼関係を構築するには、コミュニケーション技術も必要になります。コミュニケーション技術が未熟でも、誠意をもって、「あなたのために何かしたい」という熱意を、表情や態度で伝えることができれば、きっと思いは伝わります。

　また、利用者支援は、介護支援専門員１人で行うものではありません。利用者を支援するチームにおいては、介護支援専門員はチームの「司令塔」「監督」であり、「黒子」や「縁の下の力持ち」的な役割を果たします。自分自身が明確に「この人に、こういう支援がしたい」という気持ちをもち、かかわるチームのメンバーでその思いを共有でき、達成されたとき、利用者本人や支援チームと一緒に喜び合えるはずです。それらの積み重ねを通じて、自分の周囲にともに動いてくれる仲間（事業所や機関など）が増えてくると、困難事例に遭遇して困ったときに、「あなたのためなら……」と何かと協力してくれたり、助けてくれたりする人が増えてくると思います。そうすれば、ますますやりがいがもてるようになっていくでしょう。また、介護支援専門員は個人で業務にあたっているのではありません。利用者との契約は事業所として交わしているもので、事業所のバックアップやサポートも必須です。日頃から、事業所で困難事例だけでなく、成功事例も共有し、互いに評価し合い、学びを深めることが大切ではないでしょうか。

Point

● 思いを共有できる介護支援専門員の仲間を増やそう

● 介護支援専門員としての学びを深めることを大事にしよう

その他の場面

Q.1
天候が急に崩れたら(訪問時や風水害発生時)どのような対応が必要ですか。

Answer まずは自分の身の安全を確保し、利用者へ対応します。

　天候は、訪問が欠かせない介護支援専門員の業務に大きな影響を与え、また被害が予想される場合は、利用者の安全確保の手配も必要になってきます。最近は、ゲリラ豪雨や線状降水帯の正確な予報がリアルタイムに把握できます。まずは、天候の状況を常に把握しておくことが大切です。車やバイクに常に雨具（傘や合羽など）を装備しておくことも必要でしょう。もし、移動の最中に天候が急変したら、無理せずその日の訪問を中止して、改めて訪問の日程調整をしましょう。

　台風や豪雨などが予想され、避難指示が出るような場合は、行政の指示に従って避難を促したり、一時的に生活する場所を確保したりするなどの対応も必要になるでしょう。その場合に備えて、日頃から、避難先を確認したり内服薬を少し余分に用意したり、数日分の水や食料を確保したりするなど、利用者・家族と確認して準備をしておきましょう。

　また、事業所でも、停電・浸水・土砂災害などの不測の事態に備えて、通信手段をどのように確保するのか、業務をどのように進めていくのか（帰宅するのかどうか）、その他、河川の近い事務所では、避難は必要か、資料やデータファイル等をどのように保管するかなど、日頃から話し合っておきましょう。

Point
- 移動中であれば、無理せず訪問日程を再調整しよう
- 災害時の対応について、日頃から事業所内で対策を検討しよう

Q.2

地震や津波が起こったらどう行動すればよいですか。また、自分の家族の安否確認を優先してよいのでしょうか。

Answer 事前の準備を日頃から行い、まずは自分と家族の安全を確保しましょう。

　実際に地震や津波に遭遇した場合には、慌てずにまずは自分自身の安全を確保します。無理をして利用者の安否確認や救出に向かうと、二次災害に巻き込まれるおそれがあります。東日本大震災では、多くの介護関係者が利用者を助けようとして生命を落としています。また、自分の家族の安否確認は大切なことです。自分の家族の安否が確認できてから、全体の状況を把握し、落ち着いてから利用者の安否確認を行いましょう。

　いつ起こるかわからない地震や津波に対しては、2021（令和3）年度の介護報酬改定の際、BCP（Business Continuity Planning；事業継続計画）の作成が義務づけられています（2024（令和6）年3月31日までの経過措置期間あり）。

　災害対策については、平常時、発災直後、発災当日〜3日間（応急期）、発災4日目〜1か月（応急期〜復旧期）と、時間の経過とともに変化していきます。地域での災害マニュアル等を参考にしながら、事業所ごとに対応をマニュアル化しておき、避難訓練や机上訓練などのシミュレーションも行っておくとよいでしょう。

　また、利用者ごとに避難場所を確認するとともに、安否確認の方法や優先順位等を事業所で決めておきます。必要に応じて「個別避難計画」を作成します。日本介護支援専門員協会が作成している災害時リスク・アセスメントシート（表6-7）を掲載しておきますので、参考にしてください。

Point

- 事業所において対応をマニュアル化しておこう
- 訓練等でシミュレーションしておこう

表6-7　災害時リスク・アセスメントシート

災害時リスク・アセスメントシート(課題・対応策整理票)

作成日　　：　　　　　年　　月　　日
作成者所属：
作成者氏名：

利用者

> ライフラインが止まる、避難が必要になるなどの大規模災害時にどのような課題を検討し、どのように対応策を考えるのかを整理するためのシートです。また発災時に優先的に避難支援を行っていく利用者の一覧表を作成する際に参考となるように作成してあります。

避難所生活、停電時など予想される課題

※予想される場合は□の箇所にレ点を入れましょう

> 避難所の暮らしや福祉避難所の様子など、日本介護支援専門員協会の「災害対応マニュアル」や「追補版」をよく読んでイメージできるようにしておきましょう。

関係者と検討した大規模災害時の対策を記載する
優先的に安否確認が必要と判断した場合は優先順位にレ点を入れましょう

> 医療機関や難病担当の保健所の方でも災害時対応の検討をすでに行っていることもあります。事前に対策を共有しておきましょう。

> 医療依存度の高い方は、一刻も早い避難や対応が必要と考えられます。特別な医療や医療機器の使用を一覧表の優先順位や特記に記入しておきましょう。

項目		課題の整理
a.医療や介護の状況	特別な医療	□ 点滴の管理　□ 中心静脈栄養 □ 透析　□ ストーマ・カテーテルの管理 □ 気管切開の処置　□ 疼痛の管理 □ 経管栄養　□ じょくそうの処置 □ その他( )
	電源使用の医療機器	□ レスピレーター(人工呼吸器) □ 酸素療法　□ 吸引器 □ その他( )
	内服・衛生用品	欠かせない医薬品や衛生用品がある
	電源使用の福祉用具	□ 電動ベッド　□ エアマット　□ 昇降機 □ その他( )

予想される課題を事前に関係者と検討しておきましょう

※医療機関や薬局、難病担当の保健所、医療機器・福祉用具業者などでも防災マニュアルなど災害時対策の検討をすでに行っていることもあります。本人や介護者と共に、事前に関係者と話し合っておきましょう。

優先順位
①

※優先順位にチェック(レ点)が入った場合は別紙一覧表に反映させます

項目	課題の整理	危険チェック
b.住居・周辺環境	家屋が古い(昭和56年以前)、家が傾いている、地盤が弱いなど震災時に倒壊が心配される ※別紙「誰でもできる我が家の耐震診断」	
	震災時に家具等が転倒する危険がある	
	津波や水害やがけ崩れ、液状化等の危険が想される ※対象地域のハザードマップを確認しておきましょう。	
	必要な自宅備品品や非常持出品(保険証・常備薬・お薬手帳など)の準備が揃っていない	
	避難ルートに危険箇所(がけ崩れ、水害、ブロック塀崩壊の危険など)がある	

> 自宅内の危険個所や長時間過ごす寝室や居間などの間取りを記載しましょう。また、自宅や周辺の危険箇所を把握しておきましょう。

> 阪神淡路大震災では、犠牲者の8割以上の方が建物の崩壊や家具の転倒、その後の火災等により亡くなっているとされています。1981年(昭和56年)以前に建てられた家の多くが全壊または半壊したという報告があります。

> 市区町村の災害時の危険管理における補助制度を確認しておきましょう。

> ※無料耐震診断や耐震補強の助成金、転倒防止器具の取付費補助、ブロック塀の撤去費の補助制度などを確認しておきましょう。

関係者と検討した大規模災害時の対策を記載する
課題が残る場合は優先順位にレ点を入れましょう

> 住宅や周辺環境に課題が残る場合は災害時利用者一覧表の優先順位に反映させましょう。

予想される課題を事前に関係者と検討しておきましょう

> ※住居所有者や本人、家族の意向を確認し、行政の防災や建築関係者から自宅の耐震や転倒家具防止、受けられる補助、避難経路などの必要なアドバイスを受けられるようにしましょう。

優先順位
②

項目		身体	認知	要介	
c.避難する所	危険を一時的に回避する場合 → 避難地	J1 J2 A1 A2	自立 I IIa IIb	支1 支2	軽介護
	自宅で暮らせない場合 → 避難所	B1 B2 C1 C2	III IVM	介1 介2 介3 介4 介5	重介護 医療依存度の高い
	避難所で暮らせない方の場合 福祉避難所は特に介護が必要な方への設備や人員の整備があります。 介護保険施設は法に基づき、大規模災害時はやむを得ない状況として施設の定員超過が認められます。				

> 被災後は混乱が予想されます。避難先へ適切な情報提供ができるよう準備をしておきましょう。

実際に避難が想定される避難場所を調べて記入する(一覧表に記載する)

避難地(集合場所)/避難所
福祉避難
介護保険
病院・主治医名
その他(身を寄せる可能性のある親族など)

> 避難場所を事前に確認しておくことで、発災時の素早い安否確認を可能にし、避難先への情報提供につなげます。

※現在の状況の個所にレ点を入れ、あてはまる個所に○印をつけましょう

項目	移動の方法	現在の状況
d.避難方法	自力で徒歩	
	手引き誘導	
	車いす介助(所有：有・なし)	
	ストレッチャー介助・担架を使用	
	日中や時間帯によっては、避難支援者が不在になる(介護者の帰宅困難も想定しておく)	

災害時要援護者登録の有無
有　なし

災害時要援護者登録
特に、要介護3以上の方や認知症の方、一人暮らしで一人では避難できない方などには必要な制度です。詳しくは、市町村・区にご確認ください。

登録への希望の有無
有　なし
※必要性を理解していただき、登録するように勧めましょう。

避難方法や避難支援者を記載し、課題が残る場合は優先順位にレ点を入れましょう

避難方法における配慮
想定される避難支援者

> 発災直後は、地域住民の助け合いがとても重要となります。自宅に住めない場合の避難方法や本人が自宅から脱出できない場合に寝室の位置などご近所同士で確認し合うことが大切です。近所との付き合いがない方、周りに避難支援者がいない場合など、優先順位が上がります。

優先順位
③

e.利用者のサポートネットワーク(エコマップ)

公
・消防
・警察
・病院
・役所
・地域包括

共助
自助
利用者
家族・親族
自治会
近隣住民

> エコマップを本人や家族と作成し、支援が可能な人や公共機関、事業所等を確認し、災害時の避難方法を確認しておきます。

f.利用者の避難経路および避難箇所

◎自宅　△避難地　◇避難所　◇福祉避難所
介護保険施設　病院

> 自宅からの避難経路や方法、避難先の位置や距離(徒歩何分)など、わかる範囲で事前に確認しておきます。

参考：「地域における災害時要援護者支援の手引き(千葉県佐倉市・平成21年4月)」

出典：日本介護支援専門員協会「災害リスク・アセスメントシート」

介護支援専門員のための実務スタートブック
編集・編者・執筆者一覧

編集

一般社団法人日本介護支援専門員協会

編者（五十音順）

青地 千晴（あおち・ちはる）
そらいろケアプラン

飯田 清久（いいだ・きよひさ）
株式会社ヘルスケアシステムズライフケアガーデン熱川居宅介護支援事業所

石橋 裕子（いしばし・ゆうこ）
社会福祉法人横手福寿会理事／
りんごの里福寿園居宅介護支援センター管理者

七種 秀樹（さいくさ・ひでき）
一般社団法人日本介護支援専門員協会副会長

笹原 恭子（ささはら・きょうこ）
特定非営利活動法人渋谷介護サポートセンター主任介護支援専門員

鈴木 則成（すずき・のりしげ）
鈴木ヘルスケアサービス株式会社代表取締役

角屋 宗敬（すみや・むねひろ）
社会福祉法人妻有福祉会十日町南地域包括支援センター主任介護支援専門員

関谷 美香（せきや・みか）
医療法人たかぎ歯科ナラティブケアプランセンター

高良 清健（たから・せいけん）
社会医療法人友愛会豊見城中央病院ケアプランセンター

中馬 三和子（ちゅうまん・みわこ）
株式会社ケアネット川崎サービスセンター居宅統括

中辻 朋博（なかつじ・ともひろ）
社会福祉法人風の馬特別養護老人ホームアリオン施設長／
社会福祉法人風の馬ペガサスケアプランセンター石津北管理者

中林 弘明（なかばやし・ひろあき）
一般社団法人日本介護支援専門員協会常任理事／
株式会社シルバージャパン代表取締役

能本 守康（のもと・もりやす）
一般社団法人日本介護支援専門員協会常任理事／
株式会社ケアファクトリー代表取締役

廣内 一樹（ひろうち・かずき）
株式会社クリエイティ居宅介護支援事業所ケアマネ!高知管理者・主任介護支援専門員

執筆者（五十音順）

青地 千晴（あおち・ちはる）
そらいろケアプラン
➡ 第6章

角屋 宗敬（すみや・むねひろ）
社会福祉法人妻有福祉会十日町南地域包括支援センター
主任介護支援専門員
➡ 第2章

関谷 美香（せきや・みか）
医療法人たかぎ歯科ナラティブケアプランセンター
➡ 第3章

中馬 三和子（ちゅうまん・みわこ）
株式会社ケアネット川崎サービスセンター居宅統括
➡ 第1章

中林 弘明（なかばやし・ひろあき）
一般社団法人日本介護支援専門員協会常任理事／
株式会社シルバージャパン代表取締役
➡ 第5章

能本 守康（のもと・もりやす）
一般社団法人日本介護支援専門員協会常任理事／
株式会社ケアファクトリー代表取締役
➡ 第4章

介護支援専門員のための
実務スタートブック

2023年5月10日　発行

編　集　　一般社団法人日本介護支援専門員協会
発行者　　荘村明彦
発行所　　中央法規出版株式会社
　　　　　〒110-0016　東京都台東区台東3-29-1　中央法規ビル
　　　　　TEL 03-6387-3196
　　　　　https://www.chuohoki.co.jp/

印刷・製本　　株式会社アルキャスト
ブックデザイン　　永瀬優子（株式会社ごぼうデザイン事務所）
イラスト　　BONNOUM

ISBN978-4-8058-8887-2